捨身の仏教

日本における菩薩本生譚

君野隆久

角川選書
627

はじめに

どこかで「捨身飼虎《しゃしんしこ》」という語を耳にしたことはないだろうか。文字通りには、「身を捨てて虎を飼う」と読める。この場合の「飼う」は「養う」という意味に近い。自分の身体を虎の食物とするということだ。

「捨身飼虎」の四文字は、奈良の法隆寺《ほうりゅうじ》が所蔵する国宝「玉虫厨子《たまむしのずし》」の須弥座《しゅみざ》に描かれた図像のタイトルとして知った人が多いのではないかと思われる。およそ千四百年近くも前に作られたと見られるこの工芸品には、ひとりの若い王子が崖《がけ》の上で衣服を脱ぎ、崖から飛び降りて虚空を落下し、その身体を餓えた虎に食わせるさまが図像に描かれている。全体は優美な曲線が卓越しているが、異時同図法で描かれたこの絵の最下部には、繊細な竹藪《たけやぶ》に隠されながらも、虎によって王子の身体が嚙《か》みちぎられる凄惨《せいさん》な場面が刻明に描かれている。

「捨身飼虎」の物語は、仏教の開祖である釈迦《しゃか》の前世のおこないを語る「ジャータカ」といわれる物語のひとつである。すなわち仏教文学として、はるかインドから日本に渡ってきた物語であった。

仏教の経典や論書などの中で、「捨身飼虎」の物語としばしばあい並んで名前の出る釈迦の前生の物語に、「シビ王」の物語というものがある。これは「捨身飼虎」に比すれば日本での一般的知名度は低いが、仏教文学の中ではよく知られたものである。

釈迦は前世でシビという名前の、慈悲深い王だった。ある日、王のところに鷹《たか》に追われた鳩が逃げこむ。王は鳩を救わんがために、鳩の身代わりになって自分の肉を切り割いて鷹に与えるのだった。鷹は鳩とちょうど同じ重さの肉をよこせ、と要求する。そこでてんびん秤《ばかり》を持ってこさせて、片方の皿に鳩を載せ、もう片方の皿に、王は次々に自分の肉を割いて載せていくが、決しててんびんが釣り合うことはない。

このふたつの話は、大乗仏教の菩薩《ぼさつ》のおこないを語る説話として流布した。

しかし、と少しでも仏教に関心をもつ人は立ちどまるのではないだろうか。

仏教は、ゴータマ・シッダールタが出家し、苦行の日々を送った後、「いたずらに身体を痛める苦行では悟りは得られない」と気づき、静かな瞑想《めいそう》によって真理を悟ることからはじまった宗教ではないのか。

しかるに、虎に生きたまますからの身体を与えたり、鳩の身代わりになって血にまみれながらみずからの肉を割いたりするふるまいは、(これらのお話がフィクションであって事実ではないと考えたとしても)どうみても苦行の極限であり、「八正道」による「涅槃寂静《ねはんじやくじよう》」の境地とは

「玉蟲厨子密陀絵模写　捨身飼虎図」（東京国立博物館蔵　Image: TNM Image Archives）

著しく隔たっている。こんな血なまぐさいお話は、そもそも仏教の教えと正反対のものなのではないか？　それなのにどうしてこのような物語が「菩薩」のおこないを語る文学として成立したのか？　そしてこうしたお話は、日本の文学や文化に受け入れられたのだろうか？　受け入れられたとすれば、どのような形で？

ジャータカの中でも、菩薩がふみおこなうべき徳目のために身体を犠牲にする――「捨身」する――主人公が登場するものを、「菩薩本生譚《ぼさつほんじょうたん》」と呼ぼう。本書は菩薩本生譚をわが国の文化がどのように受容したのかを考察するものである。古代から現代まで、説話集に載ることもあり、僧侶《そうりょ》たちの唱導で語られることもあり、高僧の伝記に不意に顔を出すこともあり、近代の文学者の作品に深いモチーフを提供することもあり、マンガによる現代の仏伝作品で大きな役割を果たすこともあった。本書は特定の菩薩本生譚をいわば主人公に据えてそれがさまざまなテキストにあらわれる様子を見ていく場合（第一章、第二章）と、個々の宗教者や表現者の事蹟《じせき》や作品の中で菩薩本生譚がどのように捉《とら》えられ扱われているかを見ていく場合（第三章、第四章、第五章）とのふたつの書き方をとっている。

個々の事例の検討をつみかさねることによって、日本文化のひとつの側面が見えてくるかもしれない。だが、文化に関することを性急に一般化しようとすることは、しばしば不正確な紋切り型におちいる危険性を秘めている。そのことを念頭におきつつ、過去のひとびとが菩薩本生譚をどのように受け入れたかを――本書が扱う事例ははなはだ限られてはいるけれども――主として書かれた言葉をなるべく尊重する姿勢を忘れずに、追っていきたいと思う。

目次

凡例

・引用資料における正字体の漢字は基本的に現在通用する新字体で表記した。
・引用資料にふりがながある場合はそれを採用した。私意でふりがなを付した場合は後注に記した。
・『大正新脩大蔵経』からの引用箇所、あるいは参照箇所を示す場合は、〔〕の中に「大正」と略記し、巻数・頁数・段をa・b・cで示した。例〔大正四・三五一c〕＝大正新脩大蔵経第四巻三五一頁下段。

序章　菩薩本生譚の起源と性格

本生譚とは

本書で用いる本生譚《たん》という語は、仏教説話の一形式を示すサンスクリットおよびパーリ語の「ジャータカ」jātaka の訳語である。ジャータカの漢訳語としては単なる「本生」のほかに「本生経」「本生談」「本生話」などもあるが[1]、本書では「おはなし」という意味がこめたかったことと、字句の据わりへの好みから「本生譚」の語を使いたい。

ジャータカは一般的には「仏陀《ぶっだ》の前生の話」と理解されているが、原初的には、「前世において幾度も受けた生のことを意味すると同時に、現在の人間（あるいは事件）に因《ちな》んで過去のことを説くという、『説法の一形式』であった[2]」という。つまりもともと「ジャータカ」は表現内容を指ししめす言葉ではなく、あくまで表現形式に対する呼称であったということである。

ジャータカはふつう次の三要素を備えているものとされる。①現在あるできごとが起きた（「現在事」「現在世物語」）、②その原因を考えると、過去にこういうできごとがあった（「過去時」「過去世物語」）、③過去（前世）における人物Aは現在の人物Bなのである（「連結」「結合」）。ただし仏教においては、一般に仏陀の前生にかかわる場合のみジャータカの語を使い、弟子や信者の前生の場合は「アヴァダーナ」avadāna（漢訳では「譬喩《ひゆ》」「本縁」「本起」、また音訳して「阿婆陀那《あばだな》」等）と呼ぶようになった。

現在、『岩波仏教辞典（第二版）』で「ジャータカ」の項目を引くと、次のように記されている。

釈尊が前世において菩薩であったとき、生きとし生けるものを救ったという善行を集めた物語で、薩埵太子・尸毘王・雪山童子の捨身供養譚のごときがそれである。〈本生〉と漢訳され、今日日本では〈本生話〉〈本生譚〉と訳される。

〈ジャータカ〉とは、本来は特別な形式と内容をそなえた古い文学のジャンルの名称で、漢訳経典の中にも〈本生経〉という名があげられている。九分教・十二分教の一つに数えられる。パーリ語聖典にはジャータカとして五四七の物語が収められているが、それぞれの物語をもジャータカと呼んでいる。その形式は現在世物語・過去世物語・結び、という三要素から成り立っている。散文と韻文とから成り、紀元前三世紀頃、当時インドに伝わっていた伝説や口碑がもとになり、仏教的色彩が加わってできたものと考えられている。

仏教の伝播にともなって、世界各地の文学に影響を及ぼしている。『イソップ物語』や『アラビアン－ナイト』にも取り入れられており、日本でも漢訳経典を介して広く受容され、『今昔物語集』の天竺部や『三宝絵』の上巻以下諸書に収載されるなど、日本文学に広範な影響を与えたほか、兎が月にこめられた話やくらげ骨なしの話など、一部は昔話化して民間にも流布する。中世に流行する本地物の祖形をなしたと考えられる。(3)

この辞書の記述では、ジャータカの代表例としてまず「薩埵太子《さつたたいし》・尸毘王《しびおう》・雪山童子《せっせんどうじ》」があげられている。「薩埵太子」本生譚は飢えた虎に食としてわが身を投げて施す太子の話、「雪山童子」は山中で「無常偈《むじょうげ》」を聞くために、空腹の羅刹《らせつ》にみずからの身体を施与する話、そして「尸毘王」本生譚は、鷹《たか》に追われた鳩を救うため、鳩の身代わりとなってみずからの肉を割いて与える王の話である。特に前二者は法隆寺「玉虫厨子」の須弥座《しゅみざ》絵に描かれており、「捨身《しゃしん》飼虎《しこ》」と「施身聞偈《せしんもんげ》」という簡潔な語句でわが国でよく知られているものであるから、辞書の執筆者もここに例としてあげたのだろう。

しかし、ジャータカの歴史的展開の中では、そのような捨身をこととする菩薩《ぼさつ》の物語を描いた説話はかならずしも古層に属するものではなく、またジャータカ全体を代表するものでもなかった。

歴史的にさかのぼりうる最古のジャータカ資料は、中北インドのバールフト Bharhut に残る仏塔の周囲に施された浮き彫りである(紀元前二世紀の成立)。杉本卓洲《すぎもとたくしゅう》によれば、ここであきらかにジャータカと銘打たれた彫刻の表現している内容を検討すると、意図の重点が「教訓的あるいは単に物語的な面におかれていることが推察される」[4]という。平安時代にはわが国の『三宝絵』上巻第九話に再話された鹿王《ろくおう》本生譚や、謡曲や歌舞伎『鳴神』にまで翻案された一《いっ》角仙人《かくせんにん》本生譚、また経典に数多く登場する六牙《ろくげ》象《ぞう》本生譚――六牙をもつ象王がおり、一猟師がその牙《きば》を切りとって国王に捧《ささ》げようと袈裟《けさ》を着て象王に近よったところ、象王はみずから進んで牙を切り落とさせた――などの物語がすでにバールフトの浮き彫りに表現されている。彫刻ではジャータカ特有の「連結」が表現しえないという点に留保を置かなければならないにせよ、たとえ後代では大乗的な倫理に強く色づけられたジャータカとして知られたものであっても、バールフト彫刻においては物語性（とくに動物を主人公としたものが多い）と世俗的な道徳倫理を主な目的として作成・享受されていた側面が強かったようだ。

また注目すべきは、バールフトの浮き彫りにおいては、「菩薩」Bodhisattvaという語が碑文等に用いられておらず、さらに彫刻の内容に仏陀の前身とみられる登場人物が存在しない場合もあるということである。これらの事実から、杉本卓洲は「ジャータカの原初的形態においては、必ずしも仏陀釈尊《しゃくそん》の前生のみを語るものではなく、しかも当初は菩薩とは関係をもっていなかった」と述べる。[5]そしてバールフトのジャータカ図に見られるような特徴は、前二世紀から前一世紀に作成されたと見られるボード・ガヤー（ブッダガヤー）やサーンチー、前クシャナ期のマトゥラーなどの遺跡に残された彫刻に共通にみられるものという。

大乗仏教と菩薩本生譚の発生

ジャータカの内容が発展していったのは、三蔵（経・律・論）中の律蔵においてである。ジャータカのみならずアヴァダーナやニダーナ（「因縁」）を含んだ仏伝文学全体が律蔵の中で成長していった。(6) 戒律の起源や釈尊成仏の因縁を追究する思考が、伝わっていた仏伝や寓話《ぐうわ》を材料として利用したからである。その過程で、しだいにジャータカはもっぱら仏陀の前生の行いを過去事として語るようになっていった。

ジャータカと大乗仏教の発生との関係については、研究者によって捉《とら》え方が若干異なる。干《ひ》潟龍祥《かたりゅうしょう》は、ジャータカが盛んに創作されたことが主導引となって大乗仏教の菩薩思想が発生したと見る。ジャータカの創作活動のなかで仏陀の前生のエピソードと超人化とが結びつき、「菩薩」の語が生まれたと考えるのである。そして多くのジャータカに見られる布施行が菩薩行としての六波羅蜜《ろくはらみつ》の成立を促し、そのことによって大乗仏教が起こったと述べる。(7) 一方、平《ひら》川彰《かわあきら》はジャータカについて「仏陀の前生譚であるから、菩薩にもっとも関係が深い(8)」としながらも、ジャータカからは「菩薩」という理念が必然的に出てくるとは言えず、「菩薩という観念の発生はジャータカ以外のところに求むべきである(9)」としている。

大乗仏教の必要条件は「自利利他」、すなわち自分の利益だけではなく他者の利益を同等に願うという思想である。菩薩の実践倫理である六波羅蜜は「布施」という対他的行為ではじまる。対他者的な倫理が菩薩思想の根底に据えられていると言ってよい。この自利利他の思想が、釈迦が仏陀となるまでの「成仏の因」である無数の前生という観念と配合されたとき、「菩薩の物語としてのジャータカ」、すなわち大乗的本生譚が誕生した。そしてそれはしばしば利他を強調する菩薩行の究極としての捨身の行為[10]を物語の内容としてもつものであった。これを本書では「菩薩本生譚」と呼びたい[11]。

菩薩本生譚を図像資料として最初に明瞭《めいりょう》に確認しうるのは、クシャナ王朝時代の北インド、マトゥラー Mathurā における彫刻である（紀元後二世紀前後成立）。そこには本書で扱うシビ王本生譚、捨身飼虎の話である牝《めす》虎本生譚、そしてわが国平安時代の『三宝絵』では「須《す》太《だ》那《な》太《たい》子《し》」の名で登場する、求められて妻や子まで他人に与えてしまうヴィシュヴァンタラ（ヴェッサンタラ）太子本生譚が描かれている。紀元前に成立したバールフトのジャータカ図や、パーリ語に伝わる南伝『ジャータカ』の教訓的・寓話的な世界とは一線を画した過激な捨身の本生譚がマトゥラー彫刻には描かれているのである[12]。

こうした捨身の菩薩たちの図像的・造形的な表現は、マトゥラーやガンダーラの位置するインド北部地方から、シルクロードに沿う仏教遺跡、すなわちキジル、クムトラ、敦煌《とんこう》などにおいて盛んであった。シビ王本生譚や薩埵王子本生譚のみならず、「施身聞偈」の雪山童子の本生譚のように偈や経文を得るためにわが身を捨て、あるいは皮を剝《は》いで骨を筆とし血を墨とする物語、慈力王《じりきおう》本生譚のようにわが身を刺して血を出し、夜叉《やしゃ》を救う物語、月光王《げっこうおう》本生譚のようにみずからの頭を切断して布施する物語、飢える者、病める者にみずからの血肉を差し出す菩薩たち……自己身体をためらうことなく犠牲にしていく凄惨《せいさん》な捨身の菩薩たちの数々の物語の図像が、それら中央アジアの石窟《せっくつ》の壁にはしばしば描かれているのである。

また、法顕《ほっけん》（五世紀）や玄奘《げんじょう》（七世紀）など、西域へと求法《ぐほう》の旅を行った中国僧たちの旅行記は、捨身の菩薩たちの行跡が実際の遺跡《いせき》として北インドの国々に数多く実在し、仏塔が建立され、礼拝の対象となっていた様子を記録している。一例として、『大唐西域記』呾叉始羅国《タクシャシラー》（Taxila, taksaśilā）の条から現代語訳で一部分を引用する。

> 城の北十二、三里に窣堵波《そとば》がある。無憂王《アショーカ》が建てたものである。或いは斎日になると時に光明を放ち神花が降り天楽が聞こえることがあり、これを見たり聞いたりしたものがある。先達たちの話によれば、以前ある婦人が身に悪質の癩《らい》病（引用者注・「癩病」は、現在わたしたちがハンセン病として認識しているものと同一とは限らない）にかかり、こっそりと窣堵波にやって来て躬《みずか》らの行ないを責め礼拝懺悔《ざんげ》していた。そのまわりの庭に糞《ふん》・汚物がある

のが目に入ったので、それを取り除き清掃し香を塗り花をまき、さらに青蓮華《れんげ》を採集し地面に敷きつめた。すると悪病は治癒し見目形も一層美しくなり、体からはよい香を出し青蓮華と同じように芳《かんば》しかった、ということである。この名所は如来が昔菩薩行を修めておられ、大国王となり戦達羅鉢剌婆《チャンドラプラバ》（原注・唐に月光という）と号しておられた時、悟りを求めようとして自らの頭を断ち切り施しをされたが、このように捨身をされて凡《すべ》て千生を歴《へ》られた所である。[13]

北インド地方のタキシラ国には無憂王《むうおう》（アショーカ王）の建てた、チャンドラプラバ *Candraprabha* 王、すなわち月光王を記念する窣堵波（仏塔）があったというのである。月光王本生譚は『賢愚経』や『六度集経《ろくどじっきょう》』などに見え、かつて釈迦が月光王であったとき、一婆羅門に乞《こ》われて自らの頭部を切断して与えたという内容の菩薩本生譚である。想像力によって生み出され伝承された捨身譚であると考えたいところだが、この玄奘の記述によれば、実際にそれを記念する遺蹟が存在し、しかも霊験の地として新たな伝承を発生させていたようだ。当時の当地のひとびとは、種々の菩薩本生譚に対して、現在のわたしたちからは想像も及ばないほどの宗教的な現実感を抱いていたように見える。そもそもタキシラ（タクシャシラー）という国名自体、サンスクリットで「切断」を意味する takṣa と、頭を意味する śilas の合成語であるという説が『法顕伝』に見えている(14)。

個々の本生譚によりそれぞれ来歴の相違はあるにせよ、総じて菩薩本生譚は北部インドで発生もしくは隆盛し、大乗仏教とともに中央アジアへ東漸していったと考えてよいだろう。

捨身の菩薩の背景

捨身の菩薩たちを主人公とする本生譚が、なぜ北インド地方に発生もしくは隆盛し、中央アジアにかけて展開したのか。この問題には仏教の教義的な発展からは説明しきれない、文化的な要素が関与しているように思われる。北インドは東西交通の要衝の地であり、異なった民族や言語、宗教が接触する地域であった。

杉本卓洲は、パーリの『ジャータカ』には見られない菩薩の捨身物語について、次のように述べている。

このように、血の匂いが漂い、非常な悲壮性を帯びたジャータカの誕生の背景には、活気旺盛な尚武の民の文化的要素が作用したことを想定せざるを得ない。それまでの平和でのどかな、動物と人間の交遊する物語を生んだ農耕民とは異質の、移動と戦闘とを生活の常態とする遊牧民のもつ思念の働きがあったものと考えられる。そして、こうした特徴が見られるのは西北インド一帯の一般的な特徴であり、それは中央アジア出身の遊牧民クシャーナ族の支配と無縁ではなかろう(15)。

杉本は別の箇所で、『護国尊者所問経』に見えるところの、頭・目・手足・血・肉・骨などを他者に施与する「内施」の菩薩本生譚について、「中央アジアの古代遊牧騎馬民族の間にみられた血にまつわる制度や習俗、頭皮剝奪等の風習とつながるように思われる(16)」とも述べている。つまり捨身を事とする菩薩本生譚の背景に、遊牧民族の文化・風習の影響を考えているのである。

また美術史家の上原和《うえはらかず》は、法隆寺「玉虫厨子」に描かれた「捨身飼虎」図の源流を求める研究の中で、敦煌莫高窟《ばっこうくつ》前期の本生図とキジル石窟におけるそれとのあいだに主題上・描法上の親密な関係を認めたあと、次のように記している。

それらの本生の内容が、いずれも釈尊の前生における菩薩行であり、血の匂いの濃厚な、きわめて果断な自己犠牲行為によるものであり、布施行の究極を示すものであることは、そうした血なまぐさい本生譚の原郷ないし盛行の地が、草原と流沙の遊牧騎馬民族国家であることと考え合わせるときに、鹿本生などのびやかなインドの本生譚と比べて感なしと

しないのである。(17)

やはり、捨身を内容とする菩薩本生譚の成立の背景に、遊牧民族の文化を想定しているのである。

同じく美術史家の宮治昭《みやじあきら》は、自己の肉体を犠牲にして捧げる本生譚はインドでは好まれなかったと述べ、

ガンダーラを中心とする西北インドには、釈迦が前生においてそこで功徳を積んだという「本生処」がいくつかあったことを法顕や玄奘は伝えている。彼らによれば、今述べた自らの肉体を犠牲にする釈迦の前生の多くは、実は西北インドを舞台としている。すなわち、腿の肉を割いたシビ王本生処や夜叉に血を飲ませた慈力王本生処はスワート、頭を切った月光王本生処はタキシラ、目を抉った善目王本生処はガンダーラ、そして身を投げて餓虎に食わせたという、名高い摩訶薩埵太子本生処はどこか特定できないが、やはり西北インドの山中である。誕生とか成道とかいった、釈迦のこの世での聖跡地をもたない西北インドに、仏教が伝わり、その信仰が興隆した場合、このような本生処がおそらく仏教以前の何らかの聖跡を吸収させながらつくられていったのであろう。それにしても、肉体

の犠牲が好まれたのは、この地の風土によるものであろうか、あるいはクシャン民族などの遊牧民の支配と関係するのであろうか。今後の研究課題である。[18]

と記している。

やすやすと自己の身体を切断し、施与するような菩薩本生譚を読むとき、それが文化人類学などで言う「身体変工」body modification, mutilation の習慣と何らかの関わりをもっているのではなかろうかと考えるのは自然である。そしてその背後に、特定の生活形態をもつ民族や文化を想定することも不自然ではない。たとえば身体変工の代表的な習慣のひとつである去勢castration が、遊牧民族の家畜管理の技法と密接に結びついていることはすでに知られている。[19]先に引用したところの杉本卓洲が「血の匂いが漂い」と表現し、上原和が「血なまぐさい」と形容するところの、菩薩本生譚に対する違和感は、おそらくそれが発生した場所の文化とわたしたちの文化との間の身体感覚をめぐる差異に起因するのではないかと思われる。日本は身体変工の習慣に乏しい文化圏である。たとえば中国の文化制度を範に仰いだ過去のわが国は、去勢された官僚である宦官《かんがん》の存在だけは輸入しなかった。刺青《いれずみ》 tattoo は日本文化とともに語られがちな皮膚における身体変工であるが、それも一般的な習慣とはいいがたい。[20]もし捨身を内容とする菩薩本生譚が遊牧民族の文化・習慣を背景に成立したものであるならば、それが仏教の伝来にともなってわが国に流入したとき、忌避されたり、あるいはなんらかの変容をこうむったりすることは予想されるところだろう。「玉虫厨子」須弥座の絵を例外として、日本に本生図がほとんど存在しないことは美術史の定説になっているようである。(21)

中道と苦行

また一方で、菩薩本生譚中の捨身行に関して、次のような疑問を抱く人がいてもおかしくはない。

たしか仏教は中道ということを重んじるはずで、苦行を禁じているのではないか。そもそも釈尊は苦行を捨て去って禅定に入ったことで正覚を得たというのが定説である。しかし菩薩本生譚に表現されるような捨身行は、どう見ても苦行、そしてその果ての自傷・自死としか言いようがない。これは仏説に反するのではないか。

中道と菩薩本生譚との距離を埋める道筋を、モーリス・パンゲは次のように語っている。

原始仏教は禁欲主義を避けていた。禁欲を支える意志も、それが「中」の道から遠く隔たるときには、原始仏教の目からすれば暴力の一種に他ならなかった。大乗仏教の多くの論書を里程標としながら大きく展開する仏教は、その展開の道筋で、最初はデモクリトスの唯物主義やギリシアのエウデモニズム（幸福主義）に極めて近かったところから、少しずつ方向を変え、再び昔の血腥い犠牲の宗教的本能にとらえられてゆく。ひとつの形而上学が、そしてそれに伴って沸き立つばかりに繁茂する神話体系が発展する。今やブッダは至上絶対、永遠不滅の存在として思い描かれる。ブッダの前生を物語るという口実のもとに、ブッダには最初期の仏典には書かれていないさまざまな在り様が付加されてゆく。解脱と瞑想の方法的実践だけではもはや充分ではない。大乗仏教の聖者たちはあらゆる衆生をひとまとめにして救済することをみずからの努めとする。因果応報のカルマの理論は、それぞれの人間は自分の運命の唯一の原因者であるとするのであるが、それも他力を願う希望の前に姿を消してゆく。人は再び何者かに祈願するようになり、初期仏教の知らなかった祈りが再び立ち戻って来る。自分自身の救いをなすことではもはや充分ではない。今や救いは与え、分ち、受け取るものとなる。救いが必要であるというのならば、それは瞑想の長い歩みによってではなく、刃の一閃のようにすばやい行為によって与えられるのでなければならない。シッダルタ・ゴータマは犠牲的な行為を認めなかった。バラモン教で犠牲祭式を指す語「カルマ」には、ゴータマの考えるところでは、不吉な意味が含まれていた。犠牲は空しい行為である。なぜならそれは生命の破壊によってのぞましい目的を得られるという幻想を抱かせるものであるから。[22]

このあとには本書第三章で扱う薩埵王子本生譚、すなわち「捨身飼虎」の説話の紹介が続くのだが、ここでパンゲは初期仏教の「中道」と相反する菩薩本生譚の誕生の条件を、仏陀観の発展にともなった、古代インドの民族宗教であったバラモン教 Brahmanism でおこなわれていた犠牲祭式（供犠）の復活とみている。仏教という世界宗教が民族宗教から離脱するときに抑圧、もしくは排除した供犠的要素の回帰とみるのである。

菩薩本生譚の実行を思わせる苦行者、自己身体の犠牲とひきかえに仏道をもとめる捨身の修行者はインドや中国に実在した。そしてそれに対する批判も仏教史の中に存在した。七世紀に唐《とう》からインドに遊学した義浄《ぎじょう》の『南海寄帰内法伝』には、「指を焼いてそれをまじめな修行となし、肌を燃やしてそれを大なる福とする」ような出家者に対して、「あわただしく自分の身体を損じ生命を断ずることは、それが仏道において正しいという理由をこれまで聞いたことがない」と批判する部分がある（第三十八「焼身不合」の項、大正五四・二三一b）。また捨身行為を他に勧めるものは罪を得ると述べ、「（薩埵王子本生譚のように）身体を餓えた虎に与えるのは菩薩がおこなうべきことである。（シビ王本生譚のように）身体を裂いて鷹に襲われた鳩の身代わりになるのは、出家者のできることではない。インドのガンジス河やガヤー山には、みずからの命を落とすものがたくさんいる。あるいは断食して死に、あるいは樹上から投身する。

このような者たちは道に迷った輩なのであって、世尊はそのような者を「外道」と断じたのだ。またなかにはみずから去勢するものもいるが、これは律典の教えに違背することである」と記す（第三十九「傍人獲罪」の項、大正五四・二三二c）。梁《りょう》代から唐代にかけての各種僧伝からは、中国でも焼身等の捨身行為が流行していたことがわかる。義浄の言動にはそのような風潮を牽《けん》制《せい》・批判する意図があった(23)。

日本においても奈良から平安時代にかけて、指を燃やし、身を焼き、皮を剝いで経を写す捨身の修行者が現れた。七〇一（大宝一）年に大宝律令《たいほうりつりょう》と同時に示されたと考えられる「僧尼令」第二十七条に次のような内容が記されたのは、僧尼の捨身行為が現実に増加しつつあったという事情が反映しているにちがいない。

凡そ僧尼、身《み》を焚《や》き、身を捨《す》つることを得じ。若し違《たが》へらむ、及び所由の者《ひと》は、並に律に依りて科断せよ(24)。

僧尼たるもの、身体の一部を焼いたりするような捨身行為をおこなってはならない。もし違背した場合、関係者は律令によって厳しく罰する、という。この条項に違反した一例として、初期の行基《ぎょうき》と弟子集団が、「街衢《がいく》に零畳《りやうでふ》して、妄《みだり》に罪福《ざいふく》を説《と》き、朋党《ほうたう》を合《あは》せ構《かま》へて、指臂《しひ》を焚《や》き剝ぎ、〔…中略…〕百姓《はくせい》を妖惑《えうわく》す[25]」という非難を受けたことが『続日本紀《しょくにほんぎ》』養老元（七一七）年四月二十三日の記事に載せられている。行基たちは路上で教えを説き、「朋党」で指を燃やしたり、腕の皮を剝ぐといったパフォーマンスをしてのけ、人民をまどわせたというのである[26]。

経典の中の菩薩本生譚と僧尼伝にあらわれる現実の捨身行為とを直結することには慎重でなければならないが、こうした歴史的な捨身行為の背景に、経論に載せられた激越な菩薩本生譚がいわばモデルとして伏在していたことはたしかである。そして、現実の捨身行為は、義浄のような戒律を重視する仏教者からみれば身のほど知らずの「外道」であり、また国家からすれば、内政の秩序を乱す危険因子であった。これは菩薩本生譚が表現する捨身行為が本質的に内包する過剰性と、その攻撃的な性格とに対する率直な反応であると言ってよいだろう。

「反復強迫」としての菩薩本生譚

身体を苦しめる行を捨て去ることによって成立したはずの仏教が、なぜ内側に、苦行の極限を表現するような菩薩本生譚を抱えこむこととなったのか。遊牧民族の文化の影響、また苦行と供犠をこととした民族宗教的要素の復活という説明のほかに、もうひとつ思弁的な考察をつけくわえることができるかもしれない。

シビ王本生譚などが刻まれているマトゥラーのブーテーサル（ブーテーシュワル Bhuteshwar）

出土の欄楯《らんじゅん》柱の表側には、捨身の菩薩たちの図とは打って変わって、女神ヤクシーのむせかえるように官能的な裸身が刻まれている。本生図とヤクシーの彫刻が共存するのはめずらしいというが、なぜ、きわめて禁欲的な捨身の菩薩図と背中合せに、愛欲をことさら刺激するような豊満な女神像が描かれたのだろうか。杉本卓洲はこの女神ヤクシー像が、当時のマトゥラーの経済的繁栄を背景にした「エロス的世界の讃美」であり、また女神ヤクシーが地母神として農耕民文化に源流をもつものであることを確かめた上で、「この両者の結合は、遊牧民的文化要素と農耕民的文化要素の新たな統合の仕方を示している(27)」という解釈を述べている。

ここで精神分析の概念を借りるならば、ブーテーサル欄楯柱に表現された背反する二元的要素は、そのまま「再生産へと向かう生命力」と「死へと向かう攻撃性」の対立、すなわち後期フロイトが提出した「生への欲動」と「死への欲動」の二元性そのものの表出と見ることができないだろうか。いわゆる「エロス」と「タナトス」である。再生産と豊饒《ほうじょう》にいざなう豊かな女性像はそのままエロスの表象であり、いっぽう苦行の極限のような捨身の菩薩行は、自己犠牲とは言いながら、表象だけとってみればほとんど自己への攻撃欲動＝タナトスそのものの表現といってもおかしくはない。フロイトが「快原理の彼岸」Jenseits des Lustprinzips（一九二〇年）の中で「死への欲動」を抽出したのは、外傷性神経症者がくりかえし見る悪夢や、子どもの「いない－いた遊び」などの、反復強迫の現象からだった。「反復強迫はわれわれには、それによって脇に押しやられる快原理以上に、根源的で、基本的で、欲動的なものとして、現れてくる」[28]。大正新脩大蔵経の本縁部に含まれる菩薩たちの膨大な捨身譚、そして中央アジアの石窟に繰り返し描かれる捨身の本生図は、かつて抑圧したものの回帰である「反復強迫」の表象そのものではないだろうか。

自傷行為について文化精神医学からの包括的な考察をしたファヴァッツァは、「仏教文化圏においては、自傷行為の発生頻度は明らかに低いようである」[29]と述べるが、彼が夥《おびただ》しい数の捨身の本生譚を、そしてインド・中国・日本の苦行者たちの歴史的存在を知っていたかどうかは疑わしい。

菩薩本生譚についてしばしば言われる「血の匂い」や「血なまぐさい」という形容は、文化的要素がもたらすものであると同時に、こうした人間の心の深層にその根を置いていると考えることができそうである。精神医学者の中井《なかい》久夫《ひさお》はタナトスにふれて、フロイトの愛読したギリシャ悲劇を念頭に置きながら、「どうも血の匂いのする、攻撃性の基盤になるようなイメージのものではなかろうか[30]」と述べている。思弁的かつ比喩《ひゆ》的《てき》な言い方であることは承知しながらも、「血の匂いのする」「(自己)攻撃性」という点で、菩薩本生譚とは、人間が普遍的にもつ深く昏《くら》い部分が表象としてあらわれた「反復強迫」なのではないかと考えてみたくなる。

釈迦が敢然と苦行を捨て去り、寂静の中で瞑想《めいそう》することによって正覚を得たという仏説は、仏教という宗教が自己省察のなかでタナトス的攻撃性を退ける、あるいはそれを抑圧することによって誕生した機微をものがたる。その非攻撃的な性格は出家僧の集団である僧伽《そうぎや》（サンガ）にもっともよくあらわれている。しかし、後にタントラ密教が仏教におけるエロス的な側面を大きく回復するように、大乗仏教の成立とともに高揚した菩薩たちの捨身の物語には、仏教が縁を切ったはずの、あるいは抑圧したはずの「死への欲動」の噴出と回帰とが見て取れるのではないだろうか(31)。

このように考えるとき、本書が扱う捨身の菩薩たちの本生譚は、大乗仏教の強い求法の意志と利他行・慈悲行を語る説話文学として知られるにもかかわらず、一方では仏教の歴史が生み出した、人間の強い情動を負荷された「鬼子」のような存在にも思われてくるのである。

第一章　身を割く王——日本におけるシビ王本生譚

Ⅰ 『三宝絵』とシビ王本生譚

『三宝絵』の成立

平安の中期、円融《えんゆう》帝の時代に、まだうら若い皇女がとつぜん剃髪《ていはつ》した。冷泉《れいぜい》天皇第二皇女、円融帝の妃《きさき》であった尊子内親王《そんしないしんのう》（九六六－九八五）である。九八二（天元五）年四月八日のこととされる。十七歳であった。

その二年前に入内《じゆだい》を果たしたばかりの内親王が、何の前ぶれもなくみずからの手で髪を切ったことは「奇怪なできごと」という印象を周囲に与えたようだ。「邪気」に原因を求める向きもあれば、いや年来の本意だったのだ、と推測する者もいた。地位にめぐまれた女性ではあっても、尊子内親王の人生はあまり幸福でなかったらしい。三歳にして賀茂《かも》の斎院となり、十歳で母と妹を失い、十五歳で入内するがその直後に内裏が焼亡し、「火の宮」（「妃の宮」と懸ける）というあだ名を付けられたりもした。宮中には有力なライバルも多く、厭世的《えんせいてき》になる要因には事欠かないありさまであった。

そののち、尊子は天台座主・良源《りょうげん》を戒師として正式に受戒することになるのだが、とりあえず落飾したあとの時間をどうすごせばよいか。読んで心が慰められ、同時に出家に必要な教養が身につくような仏教入門書はないものだろうか。そこで呼ばれたのが、当時すぐれた文人のひとりと目されていた源 為憲《みなもとのためのり》であった。[1]

源為憲（生年不詳－一〇一一）は源 順《したごう》に師事した漢詩人であり、若くして勧学会《かんがくえ》に参加して比叡山《ひえいざん》の学僧たちと交流をもち、仏道にも通じていた。当時の「文士」として、「天下の一物」に数えられていたことは大江匡房《おおえのまさふさ》の『続本朝往生伝』一条《いちじょう》天皇の記事に見える。[2]すでに九七〇（天禄《てんろく》元）年、藤原為光《ふじわらのためみつ》の長男・誠信《さねのぶ》のために『口遊《くちずさみ》』を撰《せん》し、その該博な知識を教育的な著述に生かしていた。他にも『空也《くうや》誄《るい》』（九七二）、『世《せ》俗諺文《ぞくげんぶん》』（一〇〇七）などの著作が残っている。尊子内親王のために仏教入門書を編むには最適の人材であった。そして献じられたのが『三宝絵』である。

『三宝絵』という著作の意図と構成については為憲自身がみずからその「序」で語っている。「三宝」の「絵」という名の示すごとく、もともとは「多くの貴いできごとを絵に描かせて、そこに経典や書物からの文を書き添える」という意図をもったものだった。ただし絵は現存していない。全体を上・中・下の三巻に分け、それぞれを仏・法・僧の三宝に対応させ、さらに正法・像法・末法の歴史的意識においてそれらを「昔」「中来」「今」に対応させる。(3) 巧みな構成と内容によって読者である尊子に「三帰の縁」を結ばせようという内容である。

そして上巻の冒頭には次のような物語が記されることになった。

シビ王本生譚

昔、シビ(尸毘)王という名の国王がいた。慈悲の心が深く、すべての衆生を、まるでわが子のように思っていた。天上の帝釈天《たいしやくてん》はある日、シビ王の慈悲心を試そうと思って、毘首羯磨《びしゆかつま》天《てん》に次のように言った。

「あなたは鳩に変身して、逃げてシビ王の懐に入りなさい。私は鷹《たか》に姿を変えて鳩を追い、王の心を試みるから」。

こう言って、おのおの姿を変えた。鳩は飛んで来て王の脇にもぐりこんだ。それを追ってきた鷹は王の前の樹にとまった。鷹は王に言った。

「私に鳩をお返し下さい」。乞《こ》われて、王は答えた。

「私は生きるものすべてを救おうという誓いを立てている。あなたに鳩を引き渡すことはできない」。

これを聞いて、鷹は次のように言った。

「私もその生き物の一員ではありませんか。どうして私には慈悲をかけず、逆に私の今日の食物を奪おうとなさるのですか」。

王は鳩の命も救いたいし、同時に鷹の飢えも満たしたいと考えた。そこで刀を取ってみずから自分の腿《もも》の肉を割き、鷹に与えようとした。そのとき、鷹が言った。

「与えてくださるなら、この鳩の重さと同じだけの量を下さい」。

王が天秤《てんびん》を用意して自分の肉を載せると、鳩はだんだん重くなり、一方、王の肉は軽くなるばかり。王は両足の腿の肉を切って載せるが、まだ釣り合わない。両腕、背中、そしてとうとう全身の肉をすべて切りとって秤《はかり》に載せたのに、まだ鳩の方が重いのだ。そこで鷹が言った。

「あなたの肉はもうなくなってしまったのに、まだ鳩の方が重いではないですか。あとはどこの肉を追加しようというのですか。そんなことはしないで、早く鳩を返してください」。

鷹がこう責めると、王は答えた。

「いや、どうしても返すわけにはいかない」。

こう言って、自分の身体全部をそのまま天秤に載せようとしたが、身体の筋が切れ、力尽きて、その場に転げ倒れた。王は自分の心を責めてこう思った。

「こんな苦しみは、地獄の無量の苦しみに比べれば、まったく大したことではないのだ。私は今、仏法の智慧《ちえ》というものを少しはさとっている。それでもこんなに苦しんでいるのだから、ましてや地獄に堕《お》ちた人で、仏法の智慧をまったくもっていない人は、その苦しみをどうすることができようか。私は自分から誓いを発して生きるものを救おうと思ったのだ。どうしてこれくらいの痛みに迷って、心弱くも秤から転げ落ちていられようか」。

そして「誰か来て私が秤に上るのを助けよ」と言い、起き上がった。手で天秤の緒にすがり、力をふりしぼって秤に上ったとき、王の心には何の迷いもなく、後悔の思いはなかった。その時、大地は六種類に振動し、天上からは花が降り、大海に大波が起こり、枯れ木に花が咲いた。天人が現れ、王を讃《ほ》めてこう言った。

「一羽の小さな鳥のためにすら、大事なわが身を惜しまないのは、真実の菩薩《ぼさつ》である。きっと近いうちに仏になるであろう」。

鳩は鷹に向かってこう言った。

「私たちは菩薩の身を傷つけるというあやまったことをしてしまった。早く天上の力をもちいて王の傷を癒《いや》さなければならない」。

すると鷹は、もとの帝釈天の姿に戻って、王に問うた。

「このおこないは痛く、苦しかったであろう。事を悔いる気持ちが心にあるか」。

王は答えた。

「深く喜ぶ心はあっても、悔いる気持ちはさらさらありません」。

帝釈天はさらに問うた。

「そんなことを言っても、証拠があるわけではない。おまえのことばを誰が信じるだろうか」。

すると王は誓って言った。

「今、わが身を捨てて仏道を求めたこの私の心に偽りがなく、またその結果が実りあるものであるならば、どうか、私の身体がすぐに元のようになりますように」。

帝釈天もまた天の薬を王に注いだ。王の身体にはたちまち肉が満ち、傷はすべて癒《い》え、元通りになった。まわりの人はこれを見て、みな大いに喜び、王の姿を貴んだ。そしてシビ王はこの後ますます施しの心が広くなったのだった。

自分の命を惜しまない、これを「与えることの修行」（檀波羅蜜《だんはらみつ》）の完成とするのである。昔のシビ王は、今の釈迦如来である。この話は『六度集経』『大智度論』等の経典に見えている。絵もある。(4)


この冒頭話は昔のシビ王が今の釈迦如来であることを明記している。本生譚《たん》と意識して書かれていることはいうまでもない。

「シビ」という名は、サンスクリットでは Śibi または Śivi と表音される（パーリ語では Sivi）。

漢訳仏典では尸毘または湿鞞と音写される。[5] 帝釈天＝インドラ神は後に仏法の守護神となった古代インドの最高神であり、菩薩本生譚においてはしばしば主人公の求法《ぐほう》の意志を試みる役割を担う。毘首羯磨天はサンスクリット Viśvakarman の音訳であり、また「妙匠《みょうしょう》」とも訳される場合がある。天地創造の力を神格化した神で、帝釈天に命を受けて建築・工芸のことを司《つかさど》るという。

右に見た『三宝絵』のシビ王物語の末尾に「『六度集経』『大智度論』等の経典に見えている」と記されているように、シビ王本生譚は文献的・図像的に広く分布している物語である。[6]

漢訳仏典でシビ王本生譚をまとまった分量の形で載せているものを挙げれば、『六度集経』巻一（薩波達の名で）〔大正三・一b－c〕、『衆経撰雑譬喩《しゅきょうせんぞうひゆ》』巻上〔大正四・五三一b－c〕、『大《だい》荘厳論経《しょうごんろんきょう》』巻十二〔大正四・三二一a－三二三c〕、『賢愚経』巻一・梵天請法六事品《ぼんてんしょうぼうろくじぼん》〔大正四・三五一c－三五二a〕、『菩薩本生鬘論《ぼさつほんしょうまんろん》』巻一〔大正三・三三三b－三三四a〕、『大智度論』巻四〔大正二五・八七c－八八c〕等がある。名前のみが言及される場合、また縮約された形で記される場合は枚挙に暇《いとま》ない。漢訳仏典以外では法顕『法顕伝』宿呵多《すはた》国の条〔大正五一・八五八a〕、玄奘『大唐西域記』巻三烏仗那《うじょうな》国の条〔大正五一・八八三a〕（「尸毘迦《しびか》王」の名で）などの西域の記録にその旧跡が記され、『経律異相』巻二十五〔大正五三・一三七c－一三八a〕のような仏典類書にも採録されている。

月光王本生譚が現実の仏蹟《ぶっせき》として崇拝の対象となっていたことに序章で触れたが、シビ王本生譚も西北インドにおいて故事として仏塔が建立され、礼拝されていたことが法顕や玄奘の旅行記からはわかる。

仏典以外では古代インドの叙事詩『マハーバーラタ』*Mahābhārata* に挿入され、また図像表現としてガンダーラ、マトゥラー、アマラーヴァティー、アジャンターなどのインド各地に残り、さらにキジルやクムトラなどの中央アジアの石窟《せっくつ》、そして敦煌の壁画としても表現されている。

キジル石窟のシビ王本生図
（グリュンヴェーデルによるスケッチ）

ここで、「シビ王本生譚」の名で違う内容のものがあることを一言しておかなくてはならない。

パーリ語三蔵中で五四七もの本生譚を集めた『ジャータカ』*Jātaka* はよく知られているが、そこに載せられている「シビ王本生譚」（No.499）は、鴿と鷹があらわれるものではなく、帝釈天が盲目の老バラモンと化して布施行で知られたシビ王に両眼を請い、シビ王は周囲の反対も聞かずについにみずからの両眼を摘出させて与えるという物語である。

このような眼を布施するタイプのシビ王本生譚は『ジャータカ』の他に、『アヴァダーナシャタカ』*Avadānaśataka* 34、『ジャータカ・マーラー』*Jātakamālā* 2等に載り、(7) また、ギリシャのメナンドロス王が仏教教理に関して問答をおこなった記録の書として名高い『ミリンダ王の問い』*Milindapañhā* の中でも扱われている。(8)

漢訳仏典中にも眼施の王の本生譚は散見される。たとえば『大毘婆沙論《だいびばしゃろん》』の巻一五〇には一切施王という名の王が帝釈天の化身したバラモンに眼を与える話が収録され（大正二七・七六四b－c）、『賢愚経』にも鴿の身代わりになるシビ王本生譚とは別に、「快目王眼施縁品」という形で巻六に現れる（大正四・三九〇b－三九二c）。また帝釈天が鷲《わし》に化身し、王に眼を請うというシビ王本生譚のふたつのタイプの混合型のような本生譚も存在する。善勝王という名で『福蓋正行所集経』の巻七に載せられ（大正三二・七三二b－c）、また『アヴァダーナシャタカ』の漢訳である『撰集百縁経《せんじゅうひゃくえんぎょう》』では、巻四にこれは漢訳におなじみの尸毘という名で（「尸毘王剜眼施鷲縁」）登場する（大正四・二一八a－c）。本章では、この眼を布施するタイプではなく、王が鷹に追われた鴿の身代わりになる話としての「シビ王本生譚」を扱う。(9)

シビ王本生譚の特質

シビ王本生譚は数ある菩薩本生譚の中で、もっとも巧みな構成と展開をもつ、劇的な説話である。その印象の強さは格別である。

この本生譚のもつ強度を構成している第一の要素をあげるならば、わが身の肉を割くという捨身行が一挙になされるのではなく、秤を用いて徐々に実行されるという点をまず指摘できる。シビ王が捨身を実践する際の道具立てとして登場する天秤の存在は、この本生譚に独特のものである。王の身体が、全体として一挙に施与されるのではなく、また特定の部位だけが施与されるのでもなく、鷹＝帝釈天との対話の進行にともなう部分的な割肉の進行という事態となるのは、この天秤が登場するゆえである。漸次的な割肉の進行という事態は、説話の主人公にとっても、そしてその説話を読む読み手にとっても苦痛な時間を遷延する役割を果たすことになる。

同時に、シビ王の肉をいくら載せていっても釣り合わない秤というモチーフは、人間も小鳥も一個の生命の価値としては変わりがないという「衆生」の観念を象徴的かつ端的な形で表現している。そして終盤の場面で、王が自分の決意を貫くために身体ごと秤によじのぼろうとし、転げ落ち、ついには人の助けを借りてまで肉の尽きた身体をまるごと秤に載せようと試みる惨《さん》憺《たん》たる場面の演出を可能にする。このようにこの説話の中で秤は欠くべからざる存在であり、明示的にも象徴的にも多くの機能を担っているのである。[10]インドから中央アジアにおけるシビ王本生譚の図像的表現に、多くの場合この秤が描かれているのも不思議ではない。

さらに説話の背景にある文化の問題として考えるとき、シビ王本生譚における秤の表象は、分割されうる「計量可能な身体」という概念・習慣を前提とし、それを可視的な形で表現していると言うことができるだろう。

もうひとつ、分割されうる身体の漸次的な捨身行と切り離せない特徴として指摘しておきたいのは、この本生譚のもつ対話的、あるいは論弁的と仮に名づけてみたい展開である。

鷹に変身してシビ王を苦しめる帝釈天は、終始「試みる神」としての性格を崩さず、王に向かって鷹が「鳩を返せ」と要求する段階から、最後に王の身体が回復される結末まで、常に鷹＝帝釈天の発する二者択一的な、理詰めの要求に対して王が回答していくことが説話展開の原動力になっている。まるで法廷で交わされているような、あるいは商取引の場で交わされているような言葉のやりとりである。

このような対話性・論弁性は、シビ王本生譚に限ったことではなく、インドにおいて成立した仏教説話文学の多くにある程度まで共通した性格である。仏教の守護神である帝釈天＝インドラが求道を志す者を試みるという設定は菩薩本生譚におけるひとつの定型であり、またシビ王が最後の場面で誓いを立て、それがきっかけになって損なわれた身体が回復するのも、実はインド文学の伝統に根差した「真実の陳述」という説話文学形式であった(11)。

しかし帝釈天の試みを受ける多くの本生譚の中にあっても、このシビ王本生譚の王と鷹＝帝釈天とのかわす理詰めの対話は出色のものである。食物連鎖における衆生の生命の重みという主題をめぐって、また漸次的に進行する肉体の施与の実行という内容をめぐって、演劇的な展開がなされるのに大きな力を貸している。

中村史《なかむらふみ》はシビ王本生譚の原型を探究する論考において、この説話が古くは「布施」を示す説話ではなく「求法」を例証するための説話であり、さらに古くはヒンドゥー教世界において「全ての生き物を守護せよ」という「クシャトリアとしての法、務め」（kṣatra-dharma）、もしくは「王としての法、務め」（rāja-dharma）を教える説話ではなかったかと『マハーバーラタ』を検証した上で推測する(12)。やや長くなるが『マハーバーラタ』第三巻一三一章を部分的に引用する。

鷹は言った。

「すべての王はあなたのことを、法（ダルマ）を性とするものと言う。そのあなたが、どうして法に背く行為をしようとしているのか。王よ、飢えに苦しむ俺の、定められた食物を奪ってはいけない。あなたは法を切望するあまり、法を捨ててしまった。」

王は答えた。

「大鳥よ、この鳥はお前を恐れ、恐怖にかられ、生命を渇望して、私のもとにやってきたのである。鷹よ、このように安全を求めて来た鳩を保護しなかったら、最高の非法であると思わないかね。鷹よ、鳩は震え、動転しているかのように見える。生命を求めて私のもとに来た彼を捨てることは非難されることだ。」

鷹は言った。

「王よ、一切の生類は食物によって生存する。生類は食物によって繁栄し、それによって生きる。捨てがたいものを失っても、長らく生きることができる。しかし、食物がなければ、長く生きることはできない。王よ、もし今日、俺が食物を失えば、俺の生気は体を離れて、再びもどらぬ道へ行くであろう。法を性とするものよ、俺が死ねば、妻子も死ぬであろう。あなたは鳩を守ることにより、多くの生命を殺すことになる。法を阻害するような法は、それは法ではなく悪法である。矛盾しないような法が法である。不屈の勇者よ。王よ、矛盾することにおいて軽重を決定して、そこにおいて障害が存しないような法を実行すべきである。王よ、法と非法の確定において、軽重を知って、より優れた方を取って、法を確定せよ。」

王は言った。

「最高の鳥よ、あなたは非常にすばらしく語る。あなたは法を知っている。鳥の王スパルナ（金翅鳥、ガルダ）ではないか。法にかなった多くのすばらしいことをあなたは語るから。あなたに知らないことは何もないと私は見る。だが、庇護を求めてきたものを捨てることがよいとどうして思うのか。鳥よ、あなたは食物を求めてこのように企てた。あなたは別のやり方によっても、もっと優れた食物を得ることができる。雄牛、猪、鹿、水牛、あるいはあなたの望む他のものを、今日、あなたのために用意する。」

鷹は言った。

「俺は猪や雄牛や種々の鹿は食べない。大王よ、そんな食物を食べても何にもならない。王族の雄牛よ、俺には運命の定めた食物がある。王よ、俺の鳩を放せ。鷹は鳩を食べるものだ。これは永遠のきまりである。王よ、道をわきまえて、決してバナナの幹に登ってはいけない。(13)」

「法」dharmaをめぐって、論弁的な対話がまさに法廷で行われるかのごとく交わされるようすがわかる。もしこの『マハーバーラタ』のシビ王説話が、仏教倫理に彩られる前の原説話を反映しているとするならば、この「法」をめぐる論弁性は仏教説話に変化しても失われず、わが国の『三宝絵』バージョンにまで——形を変え減弱されつつも——継承されていると言ってよい。

シビ王本生譚の源流

肉の重さをめぐって法廷で交わされるような論弁が展開されるという点で、しかもその肉——人肉——が何かの代わりであるという点で、シビ王本生譚はシェイクスピア『ヴェニスの商人』の人肉裁判の場面を思い起こさせる。偶然の一致なのだろうか。それとも両者には何かのつながりがあるのだろうか。ヨーロッパとアジアに共通の説話モチーフが認められた場合、ユーラシア大陸のどこかに起源をもつ説話が東西へと伝播《でんぱ》した結果ではないかと考えることができる。しかしこの場合ことはそう単純ではない。

『ヴェニスの商人』にあらわれる「一定の重さの借り手の人肉を担保として借金をし、実際に人肉を与える場面で裁判官の智慧によって場面が回避される」というモチーフをもつ説話や民話は実は世界各地で採集され、まさにグローバルな分布を示している。これを「人肉一ポンドモティーフ」と名づけて物語パターンの変遷を探究した西尾《にしお》哲夫《てつお》はシビ王本生譚をとりあげて、「ここでの神という存在を、人間のもっとも原初的な交換の相手である自然と読み換えることができるならば、人肉一ポンド交換パターンによる物語群は、自然から資源を得るには何らかの等価交換が必要であることを物語化したものと解釈できるだろう[14]」と述べる。「人肉一ポンドモティーフ」の成立には借り手、貸し手、介在者（裁定者）の三人がいることが必要なのだが、シビ王本生譚にあっては、帝釈天（インドラ神）が貸し手と介在者（裁定者）を兼ね、鴿（鳩）の生命という形で「自然」を代表する形になっている。それに対して、人間（シビ王）は「きっかり同じ重さだけ」の人肉でそれを購《あがな》わねばならない状況に立ち至るのである。西尾はシビ王本生譚について「人肉一ポンドモティーフの原初的な発現系（プロトタイプ）から、仏教的あるいはインド的（ヒンドゥー的）に物語拡張されている物語であるとみなすべきである[15]」と述べている。

　シビ王本生譚はおそらくその原初において、人間が生きるため自然という「神」であり「異界」でもあるものから資源を得るために、自分の肉（＝人間がもつ身体という自然）と等価交換するという回路から発生したものだろう。しかし自然と人間との等価交換はそもそも世界が違うのであるからスムースには成り立つはずはなく、常に余剰や不足が発生する。それが投影されて血と肉の分別や正確な「等価」の問題が派生し、「契約」「裁定」的な言語活動が促されて論弁的な言葉のやりとりが発生したと考えられる。「秤」という道具はまさに交換の等価性のために登場する道具にほかならない。

　シビ王本生譚がもつ強度は、このような人間と自然の、あるいは人間の共同体間の交換というものを象徴的に表現しているところに究極的には求められる。始原的な人間の条件ともいうべきコミュニケーション様式とその「軋《きし》み」は、仏教説話としては形式的なひずみとして指摘されながらも[16]、平安朝の薄幸な姫君に献呈された文人のバージョンにまでたしかに息づいているのである。

「仏宝」と本生譚

シビ王本生譚が『三宝絵』上巻の冒頭という重要な場所に位置することになったのは、源為憲が上巻十三話の最初の六つの説話を菩薩の実践理念である「六波羅蜜」に配したからである[17]。最初の六話について説話主人公名とその説話が説く波羅蜜を合わせて挙げれば、以下のようになる。

一、尸毘王……檀波羅蜜
二、須陀《しゅだ》摩《ま》王《おう》……持戒波羅蜜
三、忍辱仙人《にんにくせんにん》……忍辱波羅蜜
四、大施《だいせ》太子《たいし》……精進波羅蜜
五、正闍梨仙人《しょうじやりせんにん》……禅定波羅蜜
六、拘《く》賓大臣《ひんだいじん》……般若《はんにゃ》波羅蜜

この波羅蜜と本生譚の組み合わせは、源為憲のオリジナルではない。『大智度論』巻四ですでにこの組み合わせは既定のものとなっているし、それはそのまま中国天台宗の開祖・智顗《ちぎ》（五三八－五九七）の著作である『四教義』巻七に引き継がれ、同じく智顗の著作であり、平安時代以来の文芸にも大きな影響を与えた『摩訶止観《まかしかん》』の代表的な注釈書として知られる六祖・荊渓湛然《けいけいたんねん》（七一一－七八二）の『止観輔行伝弘決《しかんぶぎょうでんぐけつ》』巻三之三にもまったく同じ六波羅蜜本生譚の配列が載せられている[18]。

比叡山と縁の深かった源為憲が、六波羅蜜を想起するとき、冒頭の檀（＝布施）波羅蜜を表象する説話としてシビ王の名を連想するのは天台宗の伝統として自然なことであった。ここに『三宝絵』上巻冒頭にシビ王本生譚が語られる必然が生じたのである。

しかしそれだけでは、そもそもなぜ源為憲は「仏宝部」を本生譚の連続によって構成しようとしたのかという問いかけに対する答えにはなっていない。

ふつう三宝のひとつとしての「仏」といえば、仏教の教主であるシャーキャムニ・ブッダ、すなわち釈尊その人を指す。つまり三宝の「仏」を表現するのなら、釈尊の前生ではなくブッダの生涯そのものとその教説を描けばよい。それなのに、なぜ『三宝絵』上巻は仏伝を描かず、その前生を描いた本生譚のみを集めたのだろうか。

「仏宝」を示すもっともふつうの方法は、釈尊の託胎・誕生から成道をへて入滅にいたる生涯を描く「仏伝」である。日本においては早くから『過去現在因果経』、『仏所行讃』などの漢訳仏伝文学が読まれていたし、僧祐（四四五－五一八）によって撰述《せんじゅつ》された仏伝『釈迦譜』は平安時代以降親しまれた。『三宝絵』から約百五十年後に成立する『今昔物語集』の天竺《てんじく》篇巻一から巻三が――そこにも本生譚が含まれてはいるにせよ――釈迦一代をめぐる大きな仏伝文学を形成していることは知られている。

視点を美術史の方にめぐらしても、『過去現在因果経』と絵を合わせて仏伝をフリーズ式説話画にした『絵因果経』は中国での伝統を受けて奈良時代から平安初期にわたる時代に最初の作例を見ている。また釈迦の事績を抜粋した「八相図」は鎌倉時代を中心に多く描かれていた。おそらく源為憲はオーソドックスな「仏伝」をもって『三宝絵』上巻仏宝部を構成しようと思えば、それもできたはずである。その場合でも文人・教育者としての為憲の能力は発揮できたにちがいない。しかし結果として為憲はその道を取らず、本生譚のみをもちいた「仏宝」を創造したのだった。

為憲は自身でその理由を上巻仏宝部全体の序文にあたる「仏宝の趣」に説明してはいる。「我が釈尊大師」が「三学・四弁・五眼・六通内に備へ、三十二相・八十種好外に明なり。頂は高きこと天蓋《てんがい》の如く、面は円《まどか》なること満月に同じ。頭の上の螺髻《らけい》は青き糸を巻くかと疑ひ、眉の間の毫相は白き玉を瑩《みが》けるに似たり。……」という人並み外れた果報を得た原因は何かと考えると、「みな先の世の若干《そこばく》の行ひの力、諸の波羅蜜の成せる所なり」[19]ということしかありえない。「先の世」とはすなわち本生譚に示される仏の前生である。だから「仏宝」の輝かしさの「因」としての仏陀の前生を示す、というのが為憲の尊子内親王にむけての教育的配慮であった。

出雲路修は、『三宝絵』の上巻の構成原理が、第一話から第六話までが六波羅蜜、第七話から第十話までが「法の尊ぶべきこと」、第十一話から第十三話までが、仏になる「因」としての「孝」であったと指摘している。[20] 為憲にとって六波羅蜜の理念はそれぞれの本生譚と強く結びついていた。若く薄幸な姫君のために仏教の教養書を編む任務を前にして、仏の「因位《いんい》」と六波羅蜜を巻頭の軸にしようと思い立ったとき、為憲の脳裏には本生譚の物語群が沸騰したにちがいない。受胎からはじまり入滅でおわる仏伝よりも、釈迦の前生を語った短編小説集のような本生譚群の方に物語としての興味と印象の強さという点で心を引かれ、技痒《ぎよう》を刺激されたのではなかっただろうか。

「因位」の強調という執筆の目的と読み手への配慮、資料的制約や宗派的環境、そして表現主体の関心のありかた――おそらく、そうしたさまざまな要因が微妙に均衡する地点で『三宝絵』「仏宝」の本生譚群が叙述されることとなった。結果として『三宝絵』上巻は日本における菩薩本生譚の摂取を考えるとき、それ以前にもそれ以降にも匹敵するもののない一回的な存在となったのである。

さて、さきほどシビ王本生譚の始原としてふれた「人肉一ポンドモティーフ」は、日本の昔話や民話にはまず登場しない、と西尾哲夫は述べる。[21]では、『三宝絵』以外に、シビ王本生譚は日本にどのように摂取されたのだろうか。

Ⅱ 摂取と変容

『三宝絵』以外にみえる日本のシビ王本生譚（一）

『三宝絵』はその後、説話集をはじめとするさまざまなジャンルの文学に利用され、影響を与えた。『三宝絵』上巻でシビ王本生譚が六波羅蜜の冒頭の布施波羅蜜の代表話として扱われたことは――前記したようにそれは中国仏教からの伝統であったが――わが国においてもひとつの範例となった。

大津《おおつ》市坂本《さかもと》に所在する天台宗真盛派総本山・西教寺《さいきょうじ》に「正教蔵」と呼ばれる中世典籍の蔵書がある。その中の一書に、『菩薩ハラ蜜因縁・三十二相因縁・八十種好之因縁』という写本がある。室町中期に書写されたものとみられ、漢文体を基調として一部にカタカナ交り文を交える表記形態をとっている。

このテキストは冒頭に「衆生無遍誓願度……」ではじまる「四弘誓願偈《しぐせいがんげ》」を釈する文を載せ、次に「六度」すなわち六波羅蜜を解説する。そしてそれぞれの波羅蜜に対して本生譚を引くのだが、それは『三宝絵』上巻の冒頭六話と同じである。阿部泰郎《あべやすろう》によれば、「本書は、観智院本のごとき『三宝絵』のテクストから六波羅蜜に関する部分だけを抄出して、各話冒頭の解説部を書きあらため、説話叙述と結末部を一部省略して〔…中略…〕構成したものであろう」という。(22)シビ王本生譚については、全体として『三宝絵』のテキストのやや粗略な引き写しのようにみえ、最後の場面で「天の薬」が登場せず、シビ王自身が「真実の誓願」によって身体を回復する設定になっている。六波羅蜜を因として、そのあとに仏の三十二相・八十種好を記述するのも『三宝絵』上巻「仏宝の趣」と同様の発想である。

同じ布施波羅蜜を示す説話としてシビ王本生譚が引かれる場合でも、『大智度論』ではなく『六度集経』のバージョンに拠《よ》る場合もあった。浄土宗の学匠・聖聡《しょうそう》（一三六六―一四四〇）による『無量寿経』の注釈書『大経直談要註記《だいきょうじきだんようちゅうき》』巻十八で六波羅蜜を釈して檀波羅蜜を「内施・

外施・無畏施《むいせ》」に分類した箇所の、「内施」の典型例として、シビ王本生譚が薩埵王子本生譚に続いて記述される。[23] 説話冒頭に「度無極経云」と出典が表記され、主人公の名は「尸毘王」ではなく「薩婆達王」となっている。「度無極経」というのは『六度集経』巻一の「布施度無極章第一」を指すと考えられる。『六度集経』のシビ王本生譚の主人公は「薩波達」の名で登場していた。また語彙《ごい》・表現ともに『六度集経』本文と共通する部分が多い。だからこれは『三宝絵』の影響下に書かれたとはいえないが、布施波羅蜜を釈する説話としてシビ王本生譚を選んでいる点では同じ系譜の上にあるといえよう。

『法華経直談鈔《ほけきょうじきだんしょう》』は一五四六年以前に成立した、『法華経』に対する「直談」――さまざまな説話や和歌などを引きながら平易な形で法を説く――形式の注釈書である。撰者《せんじゃ》の栄心《えいしん》という人物については詳《つまび》らかでない。しかし跋文《ばつぶん》から天台宗の末寺であった近江《おうみ》国坂田《さかた》郡の菅生寺で書写されたことが分かっている。小島孝之《こじまたかゆき》によれば、「菅生寺は柏原談義所といわれる成菩提院の末寺的な寺」で、「本書は室町末期の天台談義所における学問を母胎として成ったもの[24]」という。説話集の成立環境として、後に述べる『三国伝記』に親近性を有している。[25]

シビ王本生譚は巻第二末に現れる。六波羅蜜の檀波羅蜜を釈する文脈で、「檀」（＝施・旦《だん》）を「身・命・財」の三つに分類し、その中の「捨身」ではなく「捨命」の例として引用される。説話が語られる前に次のような文句が記される。

頭を刎《は》ね、眼を抉《くじ》り、身体を破りては命あるべからず。然《しか》れどもかくの如《ごと》くあるとも施《せ》を行《おこな》はる、これ真実の旦施《だんせ》なり。されば釈尊、昔、薩埵王子としては飢たる虎に身を施《ほどこ》し、尸毘王にしては鳩の秤《はかり》に身を掛けたまふ、これらなり。(26)

このあとに続くシビ王本生譚の本文は『大智度論』バージョンを大幅に縮約したもので、内容の点で特記すべき改変等は見当たらない。むしろ注意すべきなのは右に引用した部分でシビ王本生譚と捨身飼虎《しやしんしこ》の薩埵王子本生譚が「真実の旦施」の例として対句的な表現になっていること、そこでシビ王本生譚の内容が「鳩の秤に身を掛けたまふ」という一句に要約されていることである。これについては後に詳述するが、テキストとして参観した寛永十二（一六三五）年刊本では枠上に「鳩秤事」という、さらに要約された形の見出しが付されている。

右に指摘した『菩薩ハラ蜜因縁・三十二相因縁・八十種好之因縁』、『大経直談要註記』、『法華経直談鈔』において、シビ王本生譚は、『三宝絵』と同じく菩薩の実践倫理である六波羅蜜の一である布施＝檀波羅蜜を指示する説話として機能している。しかし常にそうであるとは限らなかった。

『三宝絵』以外にみえる日本のシビ王本生譚（二）

真福寺《しんぷくじ》に蔵されていた『金言類聚抄《きんげんるいじゅうしょう》』は平安末期から鎌倉中期にかけて成立したと見られる仏典類書、すなわちさまざまな文献から抄出した文章を事項別に分類・配列したものである。現在伝えられているのは巻二十二の「禽類部」と巻二十三の「獣類部」のみだが、もともとは浩瀚《こうかん》なものであったことが推測される。巻二十二「禽類部」はさらに「鶴三事」「鸚鵡四事」「鷹三事」「雁三事」「衆鳥各一事」「人解鳥語事」と項目を立てられて計二十三の説話が、同じく巻二十三「獣類部」は「師子三事」「象五事」……等の項目の下に計二十四の説話が収められている。漢訳仏典からの本生譚や譬喩《ひゆ》譚の抄訳がもっとも多いが、中国で成立した仏典類書である『経律異相』や『法苑珠林《ほうおんじゆりん》』における本文と近い場合が少なくない(27)。

シビ王本生譚は「禽類部」の「鷹三事」のふたつめの説話として、「鷹乞鴿於尸毘王事」という題で出る。冒頭に出典を「智度論云」と明記する。内容は『大智度論』巻四のシビ王本生譚を片仮名を交えて抄訳したものである。

この『金言類聚抄』で注目したいのは、シビ王本生譚が「禽類部」、つまり動物に関係した説話を集めた部に収められていることである。これは少なくとも『金言類聚抄』が組織面において影響を受けたらしい『経律異相』には見えない現象で、『経律異相』におけるシビ王本生譚は巻二十五「行菩薩道上諸国王部第二」に収められ、他の多くの菩薩本生譚とともに、「捨身」というテーマのもとに集められた説話群の中に位置していた。しかし『金言類聚抄』では六波羅蜜の文脈とも捨身の文脈とも関連なく、鷹が登場するという点に着目されて、動物説話のひとつとして機能しているのである。

真名本『曾我《そが》物語』には、巻五、畠山重忠《はたけやましげただ》が鷹狩の罪業を弁護し、鷹の由緒を語る段にシビ王本生譚が現れる。鷹という鳥をめぐる天竺・震旦《しんたん》・本朝の説話を羅列する場に登場するという点で、『金言類聚抄』の動物別説話分類に近似する。そして『金言類聚抄』をはじめ、これまで挙げてきた文献にみえるシビ王本生譚が『大智度論』もしくは『六度集経』からの要約・抄訳に近い形をとっているのに対し、この真名本『曾我物語』におけるバージョンは、漢訳仏典から距離を置いた独自の変容を示している。訓《よ》み下し文を引用したい。

斯婆国と申す国は、五天竺の中《なか》には東天竺の内なり。この国の王をば尸毘《しび》大王とぞ申しける。広林園と云ふ苑に出でて遊ばせ給ひける程に、鴿《はと》が一つ鷹に追ひ立てられて尸毘大王の御座の上に参る。王は鴿を哀れませ給ひて、鷹に語りて仰せられけるは、「汝も鳥類なり、これもまた鳥類なり。畜生残害の悲しみはいかにせむ。我に許せ」とぞ仰せられける。昔は鳥もものを云ひける事なれば、鷹答へて申して云《いは》く、「我は、これ鳥類一を一日の食となす。今日の食なくして、いかにして明日の命を継がむ。生類の重くする所、命に過ぎたる財はなし」。大王理に折れて、股《もも》の肉を取りて鷹に与えつつ、「我、鴿に替りて身を損《そこな》ふなり。我、この功徳を以て菩提を取らむ時は、先づ必ず汝を導かむ」と。その時、鷹の云《いは》く、「我はまことの鷹には非ず。天帝釈《てんたいしやく》と云ふはすなはち我なり。王の菩提心の程を見むがために化して来れり。本の身になし奉らむ」とて、仍《よつ》て王の疵《きず》に天の甘露を灌《そそ》き給ひしかば、本の身になり給ひぬ。その時の天帝釈と申すは、法華の化城喩品《けじやうるほん》に説く所の尸棄《しき》大梵と云ふはすなはちこれなり。その時の鴿《はと》と申すは、すなはち今の普賢菩薩これなり。その時の尸毘大王と申すは、今の釈迦如来これなり。(28)

「尸毘大王」という呼び方は次に挙げる『三国伝記』と共通のものであり、帝釈天が「天の甘露」を灌《そそ》いでシビ王の身体を癒すという設定は『三宝絵』を踏襲している。しかし、シビ王の住する国を「斯婆国」とし、さらに舞台として「広林園」という場所を設定しているのは『曾我物語』に独特である。また、末尾で帝釈天が後の『法華経』化城喩品《けじようゆほん》に登場する尸棄大梵《しきだいぼん》であり、鴿が実は普賢《ふげん》菩薩であるという連結部を有するのも他に例をみない。

表現面においても、鳩をかくまったシビ王が鷹に向かって「汝も鳥類なり、これもまた鳥類なり。畜生残害の悲しみはいかにせむ」と言うせりふや、「昔は鳥ものを云ひける事なれば」という但し書きなど、漢訳仏典の表現から離れた変容が見受けられる。布施波羅蜜を強調する表現はまったく見られない。シビ王が慈悲深い王であったという前提部分もなければ、『三宝絵』にはまだ残っていたところの王と鷹とが交わす厳しい論弁性も、食物連鎖のジレンマに悩んでついにシビ王が自分の肉を切り取ることを決心する場面も大きく削られてしまっている。それらは「大王理に折れて、股の肉を取りて鷹に与えつつ」という簡潔な表現に取って代わられているのである。

『曾我物語』は曾我兄弟の鎮魂を目的とした語り物を母体とし、口誦《こうしょう》の過程を経て、『神道集』を成立させた安居院《あぐい》流の唱導家が参加して古態の真名本が成立したと考えられている。[29]すなわち真名本『曾我物語』におけるシビ王本生譚の独自性は、説話が口誦や唱導の過程でこうむった変容を示していると言ってよいだろう。[30]

同じように、漢訳仏典と大きく離れた表現を獲得しているシビ王本生譚として、『三国伝記』巻九第二十二「尸毘大王代鳩事」があげられる。『三国伝記』は十五世紀半ば頃に玄棟《げんとう》によって撰述《せんじゅつ》された、室町時代を代表する説話集である。玄棟は近江地方の天台僧であったと推測されている。

梵曰《いわく》、昔《むか》し、尸毘大王有《あ》り。檀波羅密の行を修し、四海灌頂《しかいかんじょう》の位を抛《な》げうって頭目髄脳《ずもくずいのう》を惜しまず、一日万機の政《まつりごと》を捨てて身肉手足を施与し玉《たま》ふ。或《あ》る時、大王金屋《きんおく》の厳《いつく》しき宮に居《きょ》し、瑶台《ようだい》の静《しずか》なる台に独座し玉《たま》へるに、鳩《はと》と云鳥飛《いうとりとび》て懐《ふところ》に入る。恠《あやし》と思食《おぼしめす》之処に、鷹一羽来て鳩をつかんで食《じき》とす。王此《こ》の鳩の死《しな》む事を哀《あわれび》て、「我帝王なるを頼んで逃げ来《きた》る。争《いかで》か彼を助けざらんや」と曰《い》ひければ、鷹の云《いはく》、「此の鳩我が今日の食に当たり。是《これ》を助ては我 窮《きわまり》て死すべし。代《かわり》の食を給《たま》はらでは鳩を助《たすけ》ん事難《かた》し」と云《いう》。爰《ここ》に、尸毘王我《わ》が股《もも》の肉を割《さき》鳩の代りに出し玉《たま》ふ。鷹少《すくな》き事を嫌《きらう》。之《これ》に依《より》て秤《はかり》に懸《かけ》て軽き重きを定《さだむ》るに鳩重《おもく》して肉軽《かる》し。王両の股の肉を懸《かく》れども尚《なお》軽し。手足を加るに尚軽し。其《そ》の後ち大王左右の大臣に扶《たすけ》られて惣《すべて》の身を秤にかかり給ふに、諸天随喜し給ふ故《ゆえ》にや、歌詠《かえい》空《そ》らに聞へ音楽地に響《ひびき》、通身平安にして玉体《ぎょくたい》正につつがなかりき。尸毘王の心を見ん為に、天帝釈は鷹と化《かし》、毘首羯磨は鳩に変じ来る也。是を檀波羅密の満《みつる》と云也(31)。

池上洵一《いけがみじゅんいち》は、「出典は『三宝絵』上(一)か。但し本話の方がはるかに簡略である」と註《ちゅう》している(32)。たしかに、説話の冒頭と末尾に檀波羅蜜(本文では檀波羅密)について言及する点は『三宝絵』を踏襲しているものの、『三宝絵』と比較してみると、物語の後半、シビ王と鷹との問答から瑞祥《ずいしょう》が出現するまでの部分が大幅に省略されており、本生譚であることを示す連結部も存在していない。その一方で、「大王金屋の厳しき宮に居し、揺台の静なる台に独座し玉へるに」、「通身平安にして玉体正につつがなかりき」などといった表現が眼を引く。『三国伝記』

の特徴のひとつとして「対句や序詞・掛け詞を駆使した、時には荘重、時には艶麗な描写[33]」が知られており、そのような修辞が口誦性と深い関係を有し、背景に唱導の場が存在したであろうという指摘がなされている[34]。

『三国伝記』におけるシビ王本生譚は、六波羅蜜の文脈で置かれているのでもなければ、動物説話としての連想で配置されているのでもない。『三国伝記』は、清水寺《きよみずでら》に参詣《さんけい》した天竺僧と明《みん》国の俗人、そして本朝の遁世者《とんせいしゃ》が順番に自国の話を続ける「巡り物語」の形式を取った説話集であった。全三六〇話が梵《ぼん》・漢・和という三国の説話を一巡しながら進んでゆく構造になっており、梵・漢・和の組にはそれぞれ三話一類様式として共通するモチーフが潜んでいる。

では『三国伝記』におけるシビ王本生譚は、どのようなモチーフによって他の説話と一類に置かれているのであろうか。そこで巻九第二十二に続く説話を見てみると、第二十三「恵超禅師遇㆓亡親㆒事」は、地獄に堕ちた自分の両親が獄卒によって肉体的苦痛を受けているのを眼のあたりにする（同時に法華経の功徳を説く）話であり、続く第二十四「山臥延好に立山にて亡女言伝する事」は、やはり地獄に堕ちて激しい苦患を受ける女が、地蔵《じぞう》菩薩の「代受苦」――菩薩が衆生に代わって苦を受けること――を願い、最後には極楽往生する話である。後続話の内容からみて、また表現における力点の置かれ方からみて、『三国伝記』巻九第二十二・二十三・二十四話における共通モチーフを抽出するとすれば、それは「肉体的苦痛（とそこからの救済)」、あるいは第二十二と第二十四だけに着目すれば「代受苦」であると考えられる。特に地蔵菩薩の代受苦と組み合わせられていることは、菩薩本生譚と地蔵菩薩霊験譚との接点を示唆していないだろうか。

『三国伝記』の異本の一つに、「平仮名本」と呼ばれるものがある。平仮名本におけるシビ王本生譚はさらに変容した姿を示している〔巻一二第一八話〕。

> むかし、天竺のしひ大王、たんはらみつの行をしゆし給ひけるに、国城七宝をほとこし給ふてのち、つもくすいなう身肉手足をおしま□して、ほとこし給。こゝに、はとゝ云とり、飛きたつて、大王のふところのうちににけかくれけり。時に、鷹一羽きたつて、はとをつかみてくはんとす。大王、此よし御らんして、このはと我をたのみてきたれり。いかてか、しをすくはさらんや。たかの云、此はとは、我今日のしきにあたれり。これをたすけ給はゝ、たちまちにわれうへて死すへし。□とをたすけんと、おもひたまはゝ、そのかはりに、□を給ふへしと云々。大王きこしめして、たかのいふところことはりなれは、則、みつからもゝのにくをさいて、ほとこし給。たか、このにくのすくなき事をいとふ。さらは、はかりにかけてあたふへしとて、股をきり、あしをきり給へとも、すへてたいようにをよはす。これは、たいしやく天の、大王の御心を見んために、たかと成

て、きた□給ふ。ひしゆかつまは、はと丶なれり。さるほとに、大王の御身とことことくはかりにかけて、その行をまんし給へり。大王は、則、しやか如来のゐんゐにておはします也。[35]

渡邉信和《わたなべのぶかず》によれば、平仮名本『三国伝記』は異なった表記体系を採用した写本というより、内容の点においても草子風に改変された別種の作品とみなすべきであるという。[36]たしかに、先の『三国伝記』バージョンと比較すると、大筋において――「しやか如来のゐんゐにておはします也」という本生譚の連結部がこのバージョンで復活していることなどを除けば――文レベルでの説話展開は玄棟撰《せん》『三国伝記』とほぼ一致しているものの、『三国伝記』の特徴であったレトリカルな表現はきれいに洗い流されていることがわかる。ふたたび渡邉によれば、説話集からお伽草子《とぎぞうし》の世界に一歩踏み込んだのが平仮名本『三国伝記』の位置であり、説話文学から中世短編小説、お伽草子へ、さらに近世の草子類へといった発展の過程を示す作品であるという。[37]

説話が果たす役割で言えば、『大経直談要註記』と『法華経直談鈔』のシビ王本生譚は、『三宝絵』と同じく六波羅蜜の文脈の中で機能し、『金言類聚抄』と真名本『曾我物語』においては、鷹が登場することに主眼を置いた動物説話として摂取されていた。また『三国伝記』においては、後続話の内容から考えるに、おそらく「肉体的苦痛」、あるいは「代受苦」を示す説話として配置されていると思われた。この三通りが、シビ王本生譚が日本に摂取されたときの文脈の代表的なものと言ってよいだろう。

右に述べたそれぞれの文献の性格を考えるとき、ふたつまでが「直談」の名のつく文献であった。また真名本『曾我物語』も東国の唱導僧の活動から生成してきたテキストである。『三国伝記』も説話集の形態からして梵漢和の三人が順々に説話を語る「巡り物語」であり、その発生圏が『法華経直談鈔』とおなじ近江地方であった。近江には柏原《かしはら》談義所（成菩提院《じょうぼだいいん》）——談義所とは主として法華経をめぐる談義・注釈をする天台系の寺院——が存在し、談義や唱導、注釈活動が盛んに行われ、それに利用される多種多様な文献も集積していた。(38)

真名本『曾我物語』と『三国伝記』に載せられたシビ王本生譚は、漢訳仏典からかなり距離のある姿を示していた。『三宝絵』において（『大智度論』巻四のバージョンと比較すると）すでにかなり弱められていた血まみれの割肉の描写や鴿と等価の人肉をめぐる理詰めの論弁性は、真名本『曾我物語』や『三国伝記』ではほとんど消滅している。その変容の原因をすべて談義や唱導という活動に帰するのは単純すぎるが、シビ王本生譚は多様な継承の場を通過することで、日本の宗教的・文化的風土に適合するように変容していった。その一端をこうしたテキストに見ることができるだろう。

　ただしもちろん、日本に流入した菩薩本生譚がすべて段階を追って漢訳仏典から唱導的なもしくは草子風の文体へと変容したわけではない。右に指摘したシビ王本生譚を載せる文献はおおむね十二－十五世紀のものであるが、中世であっても漢訳仏典は当然読まれたであろうし、それにほぼ近い形で文献に再話される場合も存在したにちがいない。黒部通善《くろべみちよし》は近世における仏伝文学を、漢訳仏伝経典にもとづいた「仏伝経典系の仏伝文学」と、それをわかりやすく道俗に理解させるために書き変えられたものとしての「説経系の仏伝文学」の二系統に分けている。[39]その分類でいえばこの節で紹介したシビ王本生譚は「説経系の仏伝文学」へ連なるものである。しかし黒部の指摘するように、元禄《げんろく》五（一六九二）年に刊行された『釈迦一代伝記鼓吹』のように「説経系の仏伝」への反動から編まれた啓蒙的《けいもうてき》仏伝があり、そこでのシビ王本生譚は『三宝絵』のそれ以上に『大智度論』の本文にもとづいたバージョンとなっている。[40]摂取の道筋はひとつではなく、おそらく複数の様態の享受や継承のしかたが同時に存在したと考えるほうが自然である。

標題説話の諸相（一）――説話集中の例から

たとえば『今昔物語集』には――天竺部、特にその巻五には多くの本生譚が収められているにもかかわらず――シビ王本生譚は一個の説話として収録されていない。では『今昔物語集』にシビ王本生譚が影も形もないかというと、そうではない。

『今昔』巻四第十七話に「天竺仏、為盗人低被取眉間玉語（てんじくのほとけ、ぬすびとのためにかたぶけてみけんのたまをとられたること）」という題の話がある。昔、天竺の僧迦羅国《そうから》（スリランカ）で、盗人が仏像の眉間《みけん》に入れられた玉を取ろうとすると、仏像の背丈が次第に伸びていって手が届かない。盗人はいったん退いて「仏はもともと衆生を救うために出世なさったのではないですか。それなのにどうして玉を惜しみなさるのですか」と祈ると、仏像は頭《こうべ》を垂れて盗人に眉間の玉を取らせた。盗人は後に市で玉を売ろうとしたとき、事が発覚してしまい、国王に引き渡された。盗人は起こったことをありのままに話したが、王は信用せず、人を遣《や》ってその寺を見に行かせた。すると仏像は頭を垂れたままで立っている。王はこれを聞いて玉を買い取り、盗人を放免した、という話である。

仏像の眉間の玉を取ろうとするとき、盗人は次のような言葉で祈る（傍線は引用者による）。

仏ノ世ニ出《いで》テ菩薩《ぼさつ》ノ道《だう》ヲ行給《ぎゆうじ》ヒシ事ハ、我等衆生《しゆじやう》ヲ利益《りやく》抜済《ばつさい》シ給ハムガ為也。伝ヘ聞ケバ、人ヲ済《すく》ヒ給フ道ニハ、身《み》ヲモ身ヲモ《ママ》不貪《むさぼら》ズ、命ヲモ捨《すて》給フ。所謂《いはゆる》、一ノ羽《は》ノ鴿《はと》ニ身ヲ捨《す》テ、七ツノ虎ニ命ヲ亡《ほろ》ボシ、眼《まなこ》ヲ抉《くじ》リテ婆羅門《ばらもん》ニ施《せ》シ、血ヲ出シテ婆羅門ニ飲《のま》シメ、如此《かくのごと》クノ有難キ事ヲソラ施《せ》シ給フ。何況《いかにいはむ》ヤ、此ノ玉ヲ惜《をし》ミ不可給《たまふべから》ズ。貧《まずし》キヲ済《すく》ヒ下賤《げせん》ヲ助ケ給ハム、只此レ也。[41]

傍線部、菩薩行の文脈で四つの本生譚に由来する故事が述べられている。主人公の名こそ現れないものの、「一ノ羽ノ鴿ニ身ヲ捨テ」がシビ王本生譚を指し、「七ツノ虎ニ命ヲ亡ボシ」が「捨身飼虎」の薩埵王子本生譚を指していることはあきらかである。続く「眼ヲ抉リテ婆羅門ニ施シ」は、眼施型のシビ王本生譚とモチーフの同じもので、引用した新古典大系本の脚注は『賢愚経』巻六に見える「快目王眼施縁」を指摘する（Iで触れたように『大毘婆沙論』巻一五〇「一切施王」本生譚もほぼ同じモチーフ）。「血ヲ出シテ婆羅門ニ飲シメ」はどの本生譚を指しているかすぐには同定できないが――血を布施する点では『賢愚経』巻二に載る「慈力王血施品」の本生譚をすぐに想起させるものの、『賢愚経』の慈力王本生譚は血を与える相手が夜叉《やしゃ》であり、婆羅門ではない――同種の菩薩本生譚を前提にしていることはまちがいない。仏の慈悲を請う文脈の中で、こうした捨身の本生譚群がまるで仏菩薩の慈悲を請う定型的な願文のように呼び出されている。そしてこの場合、その冒頭に来るのはシビ王本生譚であった[42]。

平安初期の『日本霊異記』に、中巻第十六「布施せぬと放生するとに依りて、現に善悪の報を得し縁」と題された説話がある。讃岐《さぬき》国の裕福な家の主人が、家族各自の食事の分量を削って隣家の貧しい老夫婦に与えよ、と命ずることばの中に次のような部分がある。

飯《いひ》を操《と》りて養はむには、今より已後《のち》、各自《みずか》らの分《わき》を欠きて、彼《そ》の耆嫗《おきなおうな》に施せ。功徳の中、自身《みずから》の宍《ししむら》を割《さ》きて、他《ひと》に施して命を救ふは、最上《いとすぐ》れたる行《わざ》なり。今我が作《な》す所は、彼《そ》の功徳に称《かな》はむ。(43)

「自分の肉を割いて他者に施し、その命を救うことは最上の功徳である」——一般的な言い方をしているが、この文言はシビ王本生譚のような菩薩本生譚を念頭において書かれているのではないだろうか。この記述はそのまま『今昔物語集』巻二十第十七に引き継がれている。

『日本霊異記』とほぼ同時代に成立したと見られる文献に『東大寺諷誦文稿《とうだいじふじゆもんこう》』がある。諷誦文とは法会において読誦《どくじゆ》される願文や表白、教化のための文を指す。集中に次のような部分がある。訓み下し文の形で引用する（傍線は引用者による）。

是《ここ》を以《も》て世間・出世（間）に、値《あ》ふこと難く、聴くこと難きは、无上尊《むじようそん》の教なり。天上天下に最勝最尊にますこと《ママ》は、三宝の境界なり。是を以《も》て雪山の童子は八字の為に命を羅刹に施せり。薩埵王子は菩提の為に身を飢虎に捨てたり。(44)

ここではシビ王本生譚については言及されず、法隆寺「玉虫厨子」の須弥座絵に描かれたところの雪山童子本生譚と薩埵王子が対句の形になって現れている。本生譚が形式の整った説話としては語られず、ただ主人公の名称と菩薩行の内容がごく簡潔に、いわばキャッチフレーズ的に並べられる文が見られるのである。

同様の例をさらに挙げたい。平康頼《たいらのやすより》『宝物集』第二種七巻本（一一八〇年頃成立）の巻六から。引用部の文脈を理解するためにやや長めに引用する（傍線は引用者による）。

第七は、諸《もろもろ》の施《せ》を行じて仏に成《なる》べしと申《まうす》は、諸仏はみな施を行じて正覚《しやうがく》をなり給《ママ》へり。これを檀波羅蜜《だんはらみつ》と云《いふ》。されば、竜樹《りうじゆ》菩薩は、「施を行ずる人は、月のはじめていづるがごとし。衆人《しゆうじん》にうやまはる。怨《あた》かへりて親《しん》となる」とはのたまふぞかし。国城妻子《こくじやうさいし》を捨《すて》ん事、草木《さうもく》よりもかろくし、頭目手足《づもくしゆそく》を施《せ》する事、土石《どせき》よりもやすくすべし。

法花経に、

国城妻子《こくじやうさいし》　頭目髄脳《づもくずいなう》　身肉手足《しんにくしゆそく》　不惜身命《ふしやくしんみやう》

と侍るは是《これ》なり。

こゝをもて、尸毘王《しびわう》は、鳩《はと》にかはりて自《みづから》の肉《ししむら》をあたへ、薩埵《さつた》王子は飢《うえ》たる虎《とら》に身を施《ほどこ》し、雪山童子《せつせんどうじ》は、無常の文《もん》に命をかへ、舎利弗《しやりほつ》尊者、眼《まなこ》を乞眼《こうげん》の婆羅門《ばらもん》にとらせしなり。(45)

『宝物集』後半の仏道十二門を開示する中の「布施」の部分である。『三宝絵』上巻第一話の序文とよく似ている。『三宝絵』では「国城妻子」云々《うんぬん》のあとにシビ王本生譚が説かれたのだが、ここでは『法華経』の引用を介してシビ王と薩埵太子の名が現れ、続いて雪山童子本生譚と舎利弗《しやりほつ》が眼を婆羅門に与える話が出る。舎利弗が婆羅門に眼を施する話は『大智度論』巻十二が出典であろう。(46) ここでは檀波羅蜜の文脈で、やはりシビ王をはじめとする菩薩本生譚が、ごく簡略な形で語られている。そしてこの後には、この四つの本生譚ではなく、『三宝絵』上巻第十二話にも語られていたスダナ太子本生譚（ヴェッサンタラ太子本生譚）が整った形の説話として語られるという展開になっている。

次の例は、『宝物集』よりややあと（一二一〇年代頃）に成立した鴨長明《かものちょうめい》『発心集』第六の十三話から（傍線は引用者による）。

抑《そもそも》、仏になる事は、釈尊の往古を聞けば、三僧祇《さんそうぎ》百大劫《だいこふ》が間、或いは無量阿僧祇劫を、ますます久しく行じ給ふとも説《と》けり。其の時節の遙かなるのみにあらず。尸毘《しび》大王として は鴿《はと》に替り、薩埵《さつた》王子としては、虎に身を投ぐ。かくの如く難行苦行して、仏身を得給へ り。(47)

ここではシビ王本生譚と薩埵王子本生譚の名が対句になって、釈尊因位の「難行苦行」を語るために呼び出されている。これと近い文としては浄土教の影響下に成立した因縁譚集『私聚《しじゅ》百因縁集《ひゃくいんねんしゅう》』巻二の四「釈尊出家発心の事」における例が挙げられる。『私聚百因縁集』は一二五七年に常陸《ひたち》の浄土教僧・住信《じゅうしん》によって撰述された説話集で、唱導の資料集としての性格をもっている（傍線は引用者による）。

抑《そも》そも無上菩提を求むる道、甚だ難《かた》し。成等正覚《じょうとうしょうがく》を望む門、易《やす》からざるものなり。是《これ》を以《もっ》て釈尊因行を尋ぬるに、或《あるい》は三僧祇百大劫の間、功を積み徳を累ねて成仏すと説かれたり。或は一大三千界に芥子《けし》ばかりも身を捨てざる処なく、苦行を立てたまふと見へたり。〔……中略……〕爾《しか》れば尸毘大王として鴿の秤に身を懸け、薩埵王子としては飢たる虎に身を投ぐ。(48)

この後には、釈尊出家のようすと出家してからの苦難および修行生活の厳しさが描かれる。仏伝の一部であり、『発心集』の場合と同じく釈尊の「因位の修行」を語る文を語り出すきっかけとしてシビ王と薩埵王子の名が記されている。釈尊の因位ということでは『三宝絵』上巻の趣旨とも合致し、引用部分と『三宝絵』上巻序文との部分的一致もすでに指摘されている(49)。『私聚百因縁集』では、巻一の三「釈尊往因難易二行阿私仙人の事」にも菩薩本生譚の主人公の名が羅列される。『私聚百因縁集』において菩薩本生譚がどう捉《とら》えられているか考えるに参考となる部分なので、やや長めに引用してみたい。釈尊が前生で阿私仙人《あしせんにん》に一千年間も滅私の態度で仕えてやっと法華経を得ることができたという説話を記した後に次のような文が来る(傍線は引用者による)。

当《まさ》に知るべし、難行道の修行、自力門の出離は此《かく》の如し。鈍根無智《どんこんむち》の為には叶《かな》ふべき事難《かた》し。釈迦菩薩の如く勇猛専精《ゆうみようせんせい》なる智恵利根の人は尤《もつと》も然《しか》るべし。加之《しかのみならず》、諸経論にまた釈迦の往因を演《のぶ》る。自ら勇猛の志を検《かんがふ》るに、時として休息し給はず。薩埵《さつた》王子としては子を養はんがため虎に身を投げて衣を竹の林に懸《か》け、雪山《せつせん》童子としては偈《げ》を説く鬼に命を与へて法を石壁に残しき。須太拏《しゆだぬ》太子としては檀度を先として貧者に妻子象車を与へ、忍辱《にんにく》仙人としては羼提《せんたい》を事として王の剣に身体手足を任す。須陀魔《しゆだま》王としては不妄語《ふもうご》戒を守りて死を鹿足苑に求め、商闍利《しやうしやり》仙人としては禅波羅蜜を勤めて鳥に烏瑟《うしつ》の髻《もとどり》に栖《すくわ》す。尸毘大王としては身を秤に懸けて鳩に替り、大施太子としては珠を海に求めて人を哀れむ。夫《そ》れ利智精進《ちしやうじん》の人は未《いま》だ難《かた》しと為《な》さず、故《ゆえ》に此《かく》の如く修行して成仏する人は大地微塵にも超えたり。然《しか》るを、これに叶《かな》はざる極重最下《ごくじゆうさいげ》の衆生、如何《いかん》せん、如何《いかん》せん。爰《ここ》において弥陀如来、法蔵比丘としては鈍根愚癡《どんこんぐち》の衆生の為に六八超世の他力真実の本願を発し給へり。其《そ》の本願の正行は南無阿弥陀仏也。其の念仏は行住坐臥を簡《えら》ばず、時処諸縁を論ぜず、有智・無智・持戒・破戒を分《わか》たず。[50]

「勇猛専精なる智恵利根の人」にのみ可能な「難行道」「自力門」の修行として、薩埵王子・雪山童子・須太拏太子（『三宝絵』では「須太那太子」）・忍辱仙人・須陀魔王（『三宝絵』では「須陀摩王」）・商闍利仙人（『三宝絵』では「正闍梨仙人」）・シビ王・大施太子の八人の本生譚の主人公たちが並べられる。すべて、『三宝絵』上巻に記述された本生譚ばかりである。注目すべきは、右引用部において、これら捨身の本生譚群が浄土教的観点から否定的な敬遠の対象になっていることである。捨身という苦行は、功徳は大きいかもしれないが、それこそ釈尊のような「智恵利根」の人によってはじめて可能なことであって、「極重最下」「鈍根愚癡」の衆生であるわれわれ凡夫《ぼんぷ》のとうていまねできることではない。では凡夫はどうすればよいのか。救われないままなのか。いや、大丈夫だ、そういうあわれな衆生のために阿弥陀《あみだ》如来は四十八の本願を発してくださったのだし、正行として南無阿弥陀仏の称号を残してくださったのだから……という趣旨の文章である。つまりここでは浄土教信仰の「易行」であることが難行と対比する形で賞揚されているのであり、そうした難行を語る具体例としてシビ王本生譚をはじめとする菩薩本生譚が取り上げられているわけである。これは、『三宝絵』上巻で「因位の修行」として菩薩本生譚が記述されたのとは逆の視線であって、六波羅蜜を表象する本生譚が「難行」として相対化して眺められている。『三宝絵』から二百年以上がたち、法然《ほうねん》や親鸞《しんらん》が現れた時代の信仰状況を反映していると言ってよいだろう。住信自身は専修念仏のみを勧めているわけではなく、『私聚百因縁集』は「諸行雑修の様相を呈している」(51)というが、こと行の難易、自力・他力という観点に立ってみれば、菩薩本生譚は念仏門と相容《あいい》れない精神を有しており、念仏門の論者からは排斥もしくは敬遠の態度を取られたとしても不思議ではない。第三章で検討する明恵《みようえ》が法然の論敵であったことはその意味で象徴的である。

さて、以上いくつかの例を挙げたような、詳しい筋立ては語られず、ただ本生譚の主人公の名前と行為の内容が簡略に、しかもしばしば対句的、あるいは羅列的に語られる形式をどう捉えたらよいだろうか。

高橋伸幸はこうした形に縮小・要約され、キャッチフレーズ的に使われる説話を「標題説話」（もしくは「要約説話」）と呼び、一方、説話が首尾結構の整った形で展開される場合を「完形説話」（もしくは「独立説話」）と呼んでいる。[52]この呼び方は便利であり、またそう呼び分ける意味は十分にあると思われるので、「標題説話」「完形説話」という呼び方を本書においても使用することにしたい。

高橋は浄土系の「直談」のジャンルに属する文献における本生譚由来の標題説話を詳査し、それが仏教説話文学の代表的な作品に完形説話として収められている説話の種類とかならずしも一致しないことを指摘した。[53]高橋はこの現象について、経典を講義する直談の場では、標題説話として現れるような説話はあまりにも知られすぎていて、享受者のあらたな興味を引かなかったから、一個の完形説話としては再話されることが少なかったのだろうと推測し、しかしだからと言ってまったく言及しないわけにもいかない場合、撰者なり講師なりが標題説話の形に要約して言及したのだろうという見解を提出している。[54]

では、たとえばシビ王本生譚は標題説話として語られたとき、「ああ、あの話か」と享受者はすぐにわかるような説話であったのだろうか。これは何よりも個々の享受者の教育環境によって答えが違ってくる問題である。高橋自身、法然の弟子にあたる良忠《りょうちゅう》が標題説話の出典と内容をあまり正確に指摘できていない事実を指摘している。[55]

標題説話の諸相（二）――漢訳仏典・敦煌文献の場合

しかし、右で見てきたような菩薩本生譚の標題説話の例は、完形説話を基として――あるいは意識して――そのつどそこから要約されたものと見るより、はじめから完形説話としての本生譚そのものの摂取とは違った次元で、ひとつの独立した文飾の形式として摂取され、流通し、記述されたものと見たほうがよいのではないかと考える。なぜならば、すでに漢訳仏典において、菩薩本生譚は標題説話的な形で頻出しているからである。

たとえば『三宝絵』上巻のシビ王本生譚の典拠のひとつとなったとみられるのは『大智度論』巻四のバージョンであるが、『大智度論』に収録されたシビ王本生譚は巻四のみではなく、たとえば巻二七には大幅に要約された形が見られるし〔大正二五・二五七ａ〕、また巻三三には、他の本生譚の主人公たちと並んで、「如尸毘王。一鴿故自持其身以代鴿肉」〔大正二五・三〇五ａ〕という、まさに標題説話的に収縮された形を見ることができる。

本生譚を多く収録した本縁部経典においても、結構の整った説話記述とは別に、縮約された形で本生譚が羅列される場合は多い。『心地観経』（『大乗本生心地観経』）巻一には「師子吼《ししく》」という菩薩が説く偈文《げもん》の中に次のような部分がある。主人公名とその行為とがわかる部分に傍線を引いた。

又現如来往昔因　積功累徳求仏道
如来昔在尸毘国　曾居尊位作人王
国界珍宝皆充盈　常以正法化於世
慈悲喜捨恒無倦　能捨難捨趣菩薩
割身救鴿嘗無悔　深心悲愍救衆生
時仏往昔在凡夫　入於雪山求仏道
摂心勇猛勤精進　為求半偈捨全身
以求正法因縁故　十二劫超生死苦
昔為摩納仙人時　布髪供養然燈仏
以是精進因縁故　八劫超於生死海
昔為薩埵太子時　捨所愛身投餓虎
自利利佗因縁故　十一劫超生死因〔大正三・二九五c〕

まだこのあとに数個の本生譚が挙げられる。ここでもシビ王本生譚は冒頭に挙げられ、続いて雪山童子本生譚が語られ、燃灯仏《ねんとうぶつ》（ここでは「然燈仏」）授記に登場する釈迦の前世のひとつであった摩納仙人（「儒童梵士《じゆどうぼんし》」と同じ）が続き、薩埵太子の名前が登場する。なお『心地観経』のこの部分に載せられた本生譚の配列は、説法唱導の記録である『金沢《かなざわ》文庫本仏教説話集』（一一四〇年筆写）にみえる本生譚の配列と近似していることが指摘されている。(56)『菩薩本行経』巻下には、仏の語る言葉の中には次のような部分がある。主人公名に傍線を付した。

我為尸毘王時、為一鴿故割其身肉、興立誓願除去一切衆生危険。摩訶薩埵太子時、為餓虎故放捨身命。舎尸王時、自以身肉供養病人経十二年。〔…中略…〕須大拏太子時、二児及婦持用布施。摩休沙陀太子時、以薬除衆生貧困。摩訶婆利王時、二十四日自以身肉以供病人。……〔大正三・一一九a－b〕

ここでは十数個の菩薩本生譚が主人公の名と簡単な梗概《こうがい》を付して羅列されている。中には日本の説話集中にほとんど姿を顕《あら》さないものも含まれているが、冒頭に来るのはシビ王と薩埵太子の本生譚である。

類似の文例は敦煌変文の中にも見うけられる。『太子成道経』（ペリオ二九九九号）の冒頭部を引く。『太子成道経』は釈尊の生涯を創作的に描いた仏伝文学であり、その冒頭にイントロダクションとして本生譚が列挙される。主人公名に傍線を付した。

我本師釈迦牟尼求菩提縁、於過去無量世時、百千万劫、多生波羅奈国。広発四弘誓願、為求無上菩提。不惜身命、常以己身及一切万物、給施衆生。慈力王時、見五夜叉、為啖人血肉、飢火所逼。其王哀愍、以身布施、餧五夜叉。歌利王時、割截身体、節節支解。尸毘王時、割股救其鳩鴿。月光王時、一一樹下、施頭千遍、求其智慧。宝燈王時、剜身千龕、供養十方諸仏、身上燃燈千盞。薩埵王子時、捨身千遍、悉済其餓虎。悉達太子之時、広開大蔵、布施一切飢餓貧乏之人、令得飽満。兼所有国城、妻子、象馬、七珍等、施与一切衆生。或時為王、或時為太子、於波羅奈国五天之境、捨身捨命、給施衆生、不作為難。非但一生如是、百千万億劫、精錬身心、発其大願、種種苦行、令其心願満足。故於三無数劫中、精修苦行、只為功充果満、上生兜率陁天宮之中。……(57)

ここでは釈尊の因位の苦行として、慈力王、歌利王（これは『三宝絵』上巻第三話に見える「忍辱仙人」の話で、本来は忍辱仙人の体を切るのが歌利王である）、尸毘王、月光王、宝燈王(58)、薩埵王子、悉達《しった》太子《たいし》（ここではスダナ太子本生譚と混同されている(59)）の七人が、輪廻《りんね》を繰り返しながら「波羅奈国」で行した菩薩行が語られ、その結果、兜率天《とそつてん》に生まれたとする。本生譚によって多少の繁簡はあるものの、シビ王本生譚について言えば「尸毘王時、割股救其鳩鴿」という一句のみで語られており、前にみたわが国の標題説話の例と非常に似通った形になっている。なお、この『太子成道経』冒頭部の本生譚のつづれおりは敦煌で独立して流布していたものと見えて、『八相変』（北京《ペキン》図書館蔵）、『悉達太子修道因縁』（龍谷大学蔵）にもほとんど同じ字句のまま嵌《は》めこまれている。(60)

敦煌文献における「変文」の「変」とは、絵解きの形で語られたテキストであることを示す。(61)『太子成道経』も本来はこれに対応する図像があり、それを示しながら講唱する僧が語ったテキストなのであろう。金岡照光《かなおかしょうこう》は敦煌において本生譚は広く流布しており、短い句の羅列であっても聴衆には十分その内容が理解できたと推測している。(62)しかしそうでない場合もあったにちがいない。聴衆が標題説話だけで本生譚の内容を理解できない場合は、語り手が完形説話としての本生譚を語ったのだろうか。もしそうであったのなら標題説話と完形説話はいわば風通しよくあい補う関係に立っていたと言ってよいだろうが、その点は不明である。

いずれにせよこのように菩薩本生譚の形態が完形説話と標題説話とに分離していることは──もちろん中間的な形態もないわけではないが──漢訳仏典や敦煌のテキストにはっきり確認することができる（そしてこの説話の二形態は、敦煌の本生図が物語の展開をフリーズ形式で時間的経過に沿って描く場合と、その本生譚の特徴的な場面を取り出して圧縮して描く「パネル式」の場合との二つの形式があることに対応している[63]。このふたつの形態は分離したままで日本に摂取され、標題説話としての菩薩本生譚は完形説話の「要約」というよりは仏教的教養を示す「修辞」として、おおいに流布したのである。

標題説話の諸相（三）——説話集以外の例から

鎌倉新仏教の祖師たちの中で、その著作や書簡の中に本生譚を使うのを好んだのは日蓮《にちれん》である。佐渡《さど》に流された日蓮が動揺する門徒を戒めた書簡である「佐渡御書」（文永九（一二七二）年三月二十日）の冒頭部は、菩薩本生譚の譬喩にみちみちている（傍線は引用者による）。

世間に人の恐るゝ者は、火炎《ほのほ》の中と刀剣《つるぎ》の影と、此身の死するとなるべし。牛馬、猶身を惜む、況や、人身をや。癩人、猶命を惜む。何況《いかにいはうや》、壮人をや。仏説云《といていはく》、「七宝ヲ以テ三千大世界ニ布キ満ツルトモ、手ノ小指ヲ以テ、仏経ニ供養センニハ如カズト」取意。雪山童子の身をなげし、楽法梵志《げうぼうぼんじ》が身の皮をはぎし、身命に過たる惜き者のなければ、是を布施として仏法を習へば必《かならず》仏となる。身命を捨る人、他の宝を仏法に惜《をしむ》べしや。又、財宝を仏法におしまん物、まさる身命を捨べきや。世間の法にも重恩をば、命を捨《すて》て報ずるなるべし。〔…中略…〕仏法は摂受《せふじゅ》・折伏《しやくぶく》、時によるべし。譬《たとへ》ば、世間の文武二道の如し。

されば昔の大聖は時によりて法を行ず。雪山童子・薩埵王子は「身を布施とせば法を教へん、菩薩の行となるべし」と責しかば身をすつ。肉をほしからざる時、身を捨ツ可キ乎《や》。紙なからん世には、身の皮を紙とし、筆なからん時は、骨を筆とすべし。(64)

師の配流に動揺する弟子たちを叱咤《しった》激励し、命を惜しまずあくまで正法を堅持せよとする書簡であり、その内容と分かちがたい形で雪山童子、薩埵王子、楽法梵志《ぎょうぼうぼんじ》の名が挙げられている（楽法梵志は婆羅門から一偈を得るために皮を紙とし骨を筆とし血を墨とする釈迦の前生譚。『大智度論』巻四九（大正二五・四一二a）に出る）。法難に遇《あ》えば遇うほど自己の宗教的信念の正しさを確信してゆく日蓮の心中では、法華経中の数々の文言と共に、身命を犠牲にして法を求めた菩薩本生譚の主人公たちが自己と重ねられていたにちがいない。

もう一例をあげれば、弘安《こうあん》元（一二七八）年、すでに身延《みのぶ》に移った日蓮が女人成仏についてたずねる佐渡の尼僧に対して認めた「千日尼御前御返事《せんにちあまごぜんごへんじ》」（七月二十八日）という書簡には、千日尼の志の篤《あつ》さを嘆賞した次のような箇所がある（傍線は引用者による）。

去《いぬ》る文永十一年より、今年弘安元年まではすでに五箇年が間、此山中に候に、佐渡の国より三度まで夫をつかわす。いくらほどの御心ざしぞ。大地よりもあつく、大海よりもふかき御心ざしぞかし。釈迦如来は、「我《われ》、薩埵王子たりし時、うへたる虎に身をかいし功徳、尸毘王とありし時、鳩のために身をかへし功徳をば、我《わが》末の代かくのごとく法華経を信ぜん人にゆづらむ」とこそ、多宝・十方の仏の御前にては申《もうさ》せ給しか。[65]

傍線を付した薩埵王子とシビ王の標題説話表現は、前々節で見てきたような仏教説話集中のそれとよく似ている。しかし、そのような因位の修行の功徳を、『法華経』を信仰する者だけに譲渡すると釈迦如来が多宝仏《たほうぶつ》・十方仏の前でお申し上げになったという内容は——ここではいかにも経典の引用のような形式になっているが——典拠のあるものではなく、日蓮自身の発想ではないかと思われる。

他にも「船守弥三郎許御書《ふなもりやさぶろうもとごしょ》」（一二六一年）には「雪山《せっせん》童子のまへにきたりし鬼神は、帝釈《たいしゃく》の変作なり。尸毘《しび》王の所へにげ入《いり》し鳩は、毘首羯摩《びしゅかつま》天ぞかし。斑足《はんぞく》王の城へ入し普明《ふみやう》王は、教主釈尊にてまします。肉眼《げん》はしらず、仏眼は此をみる」[66]という一節があり、佐渡時代に撰述した主著のひとつである「観心本尊抄」（一二七三年）には「……教主釈尊は始成正覚《しじょうしょうがく》の仏なり。過去の因行《いんぎょう》を尋《たず》ね求むれば、或いは能施《のうせ》太子、或いは儒童《じゅどう》菩薩、或いは尸毘《しび》王、或いは薩埵《さった》王子、〔…中略…〕劫《こう》を積み、行《ぎょう》満じて、今の教主釈尊と成りたまふ[67]」という文があり、「身延山御書」（一二七五年）にもやはり釈尊の因行として楽法梵志、薩埵王子、雪山童子、尸毘王の名が言及

されている。(68)

日蓮の文章は仏典外典双方の故事や説話が豊富に論拠・譬喩として引用され、それらが宗教的確信にみちた内容とあいまって、密度の濃い情熱的な文体を作り上げている場合が多い。右にあげた文例をみても、日蓮が本生譚のモチーフを異なった文脈で自在に使用できうるまで血肉化していたことがうかがえる。『法華経』の薬王《やくおう》菩薩はいうまでもなく、「不惜身命」という求法の精神性において、捨身を事とする菩薩本生譚と日蓮は親近性を有していた。

さて、前々節で標題説話におけるシビ王本生譚の例を管見したが、「一ノ羽ノ鴿《はと》ニ身ヲ捨テ」(『今昔物語集』)、「鳩にかはりて自《みづから》の肉をあたへ」(『宝物集』第二種七巻本)、「鴿の秤《はかり》に身を懸け」(『私聚百因縁集』)、「鳩の秤に身を掛けたまふ」(『法華経直談鈔』)、「鳩のために身をかへし」(日蓮「千日尼御前御返事」)などと、鴿(「鳩」)の語を必須としながら、それぞれのテキストによって表現に変異があることが確かめられた。しかしさらに仏教説話集以外の文献に載る例をしらべてみると、『法華経直談鈔』や『私聚百因縁集』に見えた「鴿(鳩)の秤」という語句を含む表現が時代を下るに従って固定化してくるように見える。

仮名本(十行古活字本)の『曾我物語』に完形説話としてのシビ王本生譚は載せられていないが、巻三の畠山重忠のせりふの中で、薩埵王子と対句の形となった標題説話としてはあらわれる(傍線は引用者による)。

釈迦如来の昔、善恵《ぜんゑ》仙人《せんにん》と申せし時、道をつくりたまふ中間《ちうげん》に、燃燈仏《ねんどうぶつ》をとをりたまふ。道あしくして、わづらいたまふ時に、仙人、泥《でい》の上《うへ》にふしたまひて、御髪《ぐし》をしき、仏をとおしたてまつる。さつたい王子は、うへたる虎に、身をあたへ、尸毘大王は、鳩のはかりに、身をかくる。これらみな、末代《まつだい》の衆生《しゆじやう》をおぼしめす、御慈悲の故《ゆへ》ぞかし。[69]

「うへたる虎に、身をあたへ」――「鳩のはかりに、身をかくる」。口調のよい七五調の対句で薩埵王子とシビ王の本生譚の内容が語られている。

寛永末から正保《しようほう》（一六四四－一六四八）前半頃に刊行された仮名草子『夫婦宗論物語』の中には、法華宗を信じる妻が浄土宗を信じる夫を批判して言うせりふに次のような表現がみえる（傍線は引用者による）。

「それ釈尊出世の始《はじめ》には、衆生仏をも知らず。自利の法も得難《えがた》し。然《しか》るに仏種々に方便《ほうべん》の説を述べ、自界他法の成就を催し、時節に応じて説給《とき》へば、以前の経は足代《あししろ》の如し。其外過去永劫《おうがう》より已後《いご》、娑婆《しやば》八千度の間、種々の行、種々の法、有時は鳩の秤に肉《ししむら》を掛け、諸行無常、是生滅法、生滅々已、寂滅為楽に命を代へ、衆生を済度《さいど》し給ふ、三界の主を背《そむき》、遠き西方極楽の阿弥陀に頼まんこそ、たゞ地獄の釜焦《かまこげ》よ」と云(70)。

ここでは主人公の名前は出されないままシビ王と雪山童子の故事が並列され、前者は「鳩の秤に肉を掛け」という一句で表現されている。前々節でふれたように、『法華経直談鈔』の寛永十二（一六三五）年刊本ではシビ王本生譚の記事の上に「鳩秤事」という見出しが付されていた。十七世紀頃までに、シビ王本生譚は「鳩の秤」というきわめて簡潔な、しかも日本語による頭韻を踏んだ語句によって言及され、連想されるようになっていたと考えてよいだろう。一七一五年前後に初演された浄瑠璃《じょうるり》『八百屋お七《しち》』の一節にもシビ王本生譚は次のような形で顔を出している（傍線は引用者による）。

……げに昔もためし有《あり》鳩の秤に身を代《か》へし仏の慈悲の古《いにしへ》も。愚僧が今も菩薩の行《ぎょう》此酒 則《すなはち》清浄池。吉三が垢さへ脱《ぬ》けるなら呑《の》んで見せうと引受けて。……(71)

若き日の柳沢淇園《やなぎさわきえん》が書き残した随筆『独寝《ひとりね》』（一七二五年頃成立）には、遊女の身の上に関して述べた所に次のような文章がある（傍線は引用者による）。

身を売《うる》といふ事、さりとて〱かなしき中にもうはもりのかなしさ、何ゆへぞや。父母の為なり。世には鳩のはかりといふ仏のためしも有に、げんざいあられもないとゝさまかゝさまにも見せぬはづかしひ所を、関東そだちのあら武者大臣、身骨は熊の如く口は薤《にら》畑の如く、声はつき鐘同前、物ごとふつゝかに、酒みだりにのみなし、……(72)

引用した岩波古典大系の頭注では、傍線部について、《「鳩のかひ」のこと。僧侶《そうりょ》さえ「鳩のかひ」とて、人をあざむくのに、遊女は勤めをはたすの意》としてさらに補注を付しているが、これがシビ王本生譚を指していることは明白である。あのお釈迦様だって、前世では鳩を助けるために身体の肉を切り割いて秤に載せるようなことをなさったというけれど、今の私といえば父母を助けるためとはいえ、親にも見せない……という文脈で理解するべきであろう。本生譚が遊女の身の上を述べるための文飾に使われている興味深い例である。もっとも遊女が菩薩と結び付けられること自体は、はやく中世の説話に源泉をもつ謡曲『江口《えぐち》』などもあるから、発想自体としてはそう特異なものと言うことはできないかもしれない。

時代は前後するが、「鳩の秤」という表現は御伽草子の『酒呑童子《しゅてんどうじ》』にも出る。そこでは雪山童子の本生譚が、主人公を「しうふう」という名に替えて語られ、その末尾にシビ王の故事が点綴《てんてつ》されるのである。頼光《らいこう》が酒呑童子に正体を見破られそうになってごまかす時のせりふの中に現れる。雪山童子本生譚の変容のありさまもかねて、やや長く引用する（傍線は引用者による）。

（頼光）「さてもうれしの仰《おほ》せ哉《かな》。日本一のつはものに山伏どもが似たるとや。その頼光《らいくわう》も末武《すゑたけ》も、名を聞くだにもはじめにてまして目に見る事はなし。たゞ今仰せをよく聞けば悪《あく》逆無道《ぎやくぶたう》の人と聞く。あらもったいなやあさましや、さやうの人には似るもいや。われらが行《ぎやう》のならひとして、物の命を助けんため、山路を家とする事も飢《う》へたる虎狼《こらう》に身を与へ、有情非情《うじやうひじやう》を救はんため、釈迦牟尼如来《しやかむにによらい》のいにしへはしうふうと名をつけて、諸国を修行に出《いで》給ふ。ある時山路を通らせ給へば深き谷の底よりも、何者《もの》なるとは知らね共《ども》諸行無常《しよぎやうむじやう》と唱《とな》へければ、谷に下《くだ》りて御覧ずるに九《く》足《そく》八面《めん》の鬼神《きじん》とて、頭は八つに足《あし》九つ、さも恐ろしき鬼ぞある。しうふうかれに近づきて、『たゞ今唱《とな》へし半偈《はんげ》の文《もん》われに授《さづ》けよかし』とある。鬼神答へて云《いふ》やうは『授けんことはやすけれど、飢《うへ》に臨《のぞ》みて力《ちから》なし、人の身をだに服《ぶく》するならば、唱へん』とこそ申《もうし》ける。しうふう此《この》よし聞召《きこしめし》『それこそやすき事なるべし。残りの文を唱ふるならば、汝《なんぢ》が餌食《ゑぢき》にそれがしならん』と仰《おほせ》ければ、鬼神なのめに喜びて残りし文をぞ唱へける。『是生滅法《ぜしやうめつぽう》、生滅滅已《しやうめつめつい》、寂滅為楽《じやくめついらく》』と唱へければ、しうふう是《これ》を授かりてあらありがたやと礼しつゝ、鬼神が口に入《い》らせ給へば、すなはち菩薩とあらはれ鬼神はすなはち毘盧遮那仏《びるしやなぶつ》、しうふうは釈迦仏《しやかぶつ》なり。又ある時はこれやこの、鳩《はと》の秤《はかり》に身をかけしも皆《みな》これ生けるを助けん為、これにありあふ山伏も同じ行にて候へば、文を一つ授けつゝ早く命を召さるべし。露塵《つゆちり》ほども惜しからじ」と……(73)

ここで雪山童子本生譚はすっかり中世物語的な文体に咀嚼《そしやく》され、登場人物の名が漢字語の音読を思わせる「しうふう」となり、また鬼神の正体が本来は帝釈天であったものが毘盧遮那仏《びるしやなぶつ》となっている。先に平仮名本『三国伝記』に載せられたシビ王本生譚のテキストを見たが、同様に、「玉虫厨子」須弥座絵のモチーフとなり、『三宝絵』上巻にも載せられた、菩薩本生譚として日本ではかなり知名度の高いはずの雪山童子本生譚の、中世的な変容のひとつの形と言えるだろう。その話の裾《すそ》に、わずかに付加する形で、名は記されず、「鳩の秤に身をかけし」という語句のみでシビ王本生譚が言及されているのである。

中世以降になると、独立した一書としての釈迦の伝記が現れるようになる。黒部通善によれば、もっとも早い時期のものとして天理図書館蔵の『釈迦出世本懐伝記』（一五八一年書写）があげられ、それがやがて御伽草子、あるいは室町物語の一種としての『釈迦の本地』へと発展していった。『釈迦の本地』は近世になってさまざまな名称で写本・版本として流布し、さらに娯楽性を重視した仏伝文学である「釈迦八相物語」類を生み出していく(74)。

本生譚の摂取という点から興味深いのは、中世以降に現れたわが国独自のこうした仏伝類の一群は、冒頭に雪山童子の本生譚を完形説話として載せているものが多いことである。特に『釈迦の本地』の場合は諸本に共通しており、「雪山童子の本生譚から始動するのが『釈迦の本地』の基本形」であると小《こ》峯《みね》和《かず》明《あき》は指摘している。[75] そして雪山童子の説話が語られる前に、シビ王本生譚や薩埵王子の名が標題説話として言及される場合も多い。一例として、ここでは『室町時代物語大成』に翻刻された赤木《あかぎ》文庫蔵『釈迦の本地』（寛永二十（一六四三）年刊本）の冒頭部を引用したい。傍線は元のテキストのまま。

釈尊は今を始て、仏に成給へるかと思へ共、五百ちんてんくおんこうより、あなたの仏にて、ましく〱ける
かたじけなくも、無常しやうごんの浄土より、八千度まで娑婆に往来し、三千大千世界に、けしばかりも、身命をすて給はさる所はなし
されば、行も帰るも、ぬるもおくるも、釈尊の恩徳をはなれたる、しふんはなし、是は偏に、仏法を信ぜざる、われらに、信心を　おこさしめんと、かはつて、なんぎやう苦行し給ひて、縁をむすびて、とくをつみ、功をかさね給ひし也、此広大の御心ざしを、しらさる事を、大きにはぢて、大きに憐むべし

> されば、慈悲大王と、生れ給ひては、身をはかりにかけて鳩にかはり給ふ、さつたわうと生まれ給ひては、虎のうへをあはれみて、命を捨給ふ
> せつせんの、しゆとう菩薩と生れては、法を世界に残し、はんけのために、かはつて、身をなげ給ふ
> 此はんけのいはれは、かのせつせんどうじ、鷲の峯と云所をとをり給ふに、ふかき谷の底、かすかなる声にて、諸行無常、是生滅法と、となふるをきゝ給ひて、はるかの谷を御らんずれは、六ひ六そくを具そくしたる鬼神也[76]

以下、雪山童子の説話が十分な分量で語られる。「せつせんの、しゆとう菩薩と生れては」の「しゆとう」はどんな漢字表記を想定しているのかわからないが、『酒呑童子』中に引用された雪山童子譚中の名「しうふう」と語感として通じ合うところがある。また『酒呑童子』バージョンでは鬼神の正体が帝釈天ではなく毘盧遮那仏となっていることを指摘したが、実はこの『釈迦の本地』バージョンでも「きじん」の正体は「本地、ひるしやな仏の、けしん[77]」となっている。この本だけではなく、『釈迦の本地』類に雪山童子譚が語られるとき、ほとんどの場合鬼神（羅刹《らせつ》）の正体は「毘盧遮那仏」である。考えるに『酒呑童子』に現れる雪山童子譚は内容の展開からみると『釈迦の本地』のそれと差があるにせよ、説話としては共通の源泉

から伝わってきたものと見られる。
「慈悲大王」は、「身をはかりにかけて鳩にかわり給ふ」の語句からシビ王のことであるとわかる。「尸毘」の字ではなく、「慈悲」になってしまったのは、平仮名表記された源泉資料が元にあり、それに漢字を当てようとして内容の連想から「慈悲」としてしまったと予想される（前々節に引用した平仮名本『三国伝記』では「しひ大王」となっていた）。「薩埵王子」も「子」が抜けて「さつたわう」となっている。この『釈迦の本地』の作成者がシビ王本生譚と薩埵王子本生譚を完形説話として把握していたとはいいがたい。

この『釈迦の本地』冒頭の雪山童子本生譚ときわめてよく似た資料に、折口信夫《おりぐちしのぶ》が所蔵していた『雪山童子』という冊子本がある（古典文庫第三八冊『中世神仏説話』所収）。近藤喜博《こんどうよしひろ》の解説によれば永正年間（一五〇四－一五二〇年）に書写されたもので、もともとは当道——琵琶《びわ》法師《ほうし》の座組織——の本所であった久我《こが》家に伝えられた本であるという。その冒頭を引く（傍線は引用者による）。

しやくそんは、いまはしめて仏になりたまふかとおもへとも、五百ちん天くおんこうより、あなたなる仏にてましく〱けり、かたしけなくも、むせうしやうこん上とより、八千とまて、しやはわうらいし、三千大千せかいに、けしはかりも御身を、すてたま□《（はさる）》所なし、されはゆくもかへるも、ぬ□（るもお）くるも、しやくそんのおんとくを、はな□（れた）たる事あるへからす、これ一ゑに仏ほうをしんする我らに、しんしんを、おこさしめんため也、されは、しやくそんの御心さしを、かなしむへし、されは仏のむかしハ、しひ大わうとむまれ給て、身をはかりにかけて、はとのいのちにかはり給ふ、さつたわうしとなり給ひてハ、とらのうゑをかなしみ、命を捨て給、せつ□のしゆとうほさつとうまれ給てハ、ほうをしやうらいにのこさんためにハ、八気のもんに御身をなけ給ふ、此はつけといつは、せん山しゆほうという所を、かのとうしのとをり給ふ時、ふかきたににそこに、かすかなるこゑして、しよきやうむしやう、せしやうめつほうと、となゆるをきゝ給て、はるかなるたにを、こらんすれは、六ひ六そくをくそくしたる、きしん也……（後略[78]）

この本においてシビ王は「しひ大わう」と平仮名で表記されており、先の予想を裏付けている。雪山童子はやはり「しゆとうほさつ」となっている。この後に続く部分も語句のレベルまでほぼ『釈迦の本地』と同じであり、「きしん」の正体も「ひるしやな」である。おそらく『釈迦の本地』冒頭部の源泉にきわめて近いテキストと考えてよいだろう。雪山童子の話が終わったあとはやはり『釈迦の本地』と同じく仏陀の誕生の場面に移行するが、しかし託胎・出胎の後はとつぜん「色々の事ともあり、やり大しんのひめ君、やしゆたら女と申をむかへ給て、十六の御としより、十九までそひ給ふなり[79]」と大幅に仏伝が省略されてテキストが終わってしまう。近藤によれば、続編が別冊であったのかもしれないが、この本はこの本で完結性を示しているという。[80]つまり、これは仏伝のイントロダクションだけが切り離されたものではなく、雪山童子本生譚そのものを語ることに主眼を置いたテキストの性格が濃いのである。

さらに近藤の解説を聞けば、久我家に保存されていたことを考えると、「盲僧の所轄中にあったであろう仏説・霊験・秀句など」の中に、「仏教説話中に古くより人気のあった釈迦の本生譚もあったのであろう[81]」という。語りを職業とする家にさまざまな説話類が収集され、中にはこのように単独で一冊となった菩薩本生譚も存在した。そうであるならば、雪山童子のみではなく、シビ王本生譚も、薩埵王子本生譚も、一説話で一冊となった独立のテキストが存在した可能性もありうる。もしシビ王本生譚のそれが残っているとすれば、それは平仮名本『三国伝記』に載せられたバージョンに近いものではなかっただろうか。

Ⅲ　説話の解体と再生

「釈迦如来誕生会」におけるシビ王本生譚

近松門左衛門《ちかまつもんざえもん》「釈迦如来誕生会」は、正徳四（一七一四）年に竹本座《たけもとざ》で初演されたと推定される浄瑠璃作品である。正本は大坂《おおさか》の山本九兵衛《やまもとくへえ》・九右衛門《くえもん》の版による。[82]「釈迦如来誕生会」は天竺を舞台として、釈尊の受胎から入滅までを扱った、まぎれもない仏伝文学である。しかしその内容は釈迦八相を中心とする伝統的な仏伝とは大幅に異なっており、親子の恩愛と勧善懲悪とを多くの登場人物によって巧みに表現する独自の物語世界を展開している。以下、『近松全集』第八巻に載せられた内山美樹子《うちやまみきこ》による「梗概」[83]に依《よ》りながら、第一部・第二部のあらすじと、第三部の内容を――特に第三部の後半は引用をまじえつつ――次に紹介したい。

［第一部］

五天竺の君と仰がれる摩訶陀《まかだ》国・浄飯大王《じょうぼんだいおう》の一の后《きさき》、二の后は憍曇弥《きょうどんみ》と摩耶夫人《まやぶにん》の姉妹であった。浄飯大王はそれまで世継ぎがなかったが、ある夜、摩耶夫人が「白象が胎内に入る」瑞夢《ずいむ》をみたのち懐胎し、周囲は喜びにつつまれる。

ところが皇太后宮との宣旨が下った摩耶夫人に対して姉の憍曇弥は嫉妬《しっと》と悪心を抱き、右の司・婆《ば》将軍と謀り、太子誕生前に迦毘羅《かびら》国・斛飯王《こくぼんのう》の王子である提婆達多《だいばだった》を大王の養子とし、摩訶陀国の世継ぎと定めるよう画策する。この計画は左の司・烏陀夷《うだい》の妻の吉祥女《きちじょうにょ》に妨げられる。

烏陀夷と吉祥女には一人息子の槃特《はんどく》がいたが、槃特は生来の愚鈍であった。烏陀夷はわが子の知恵を祈りに、鶏足山《けいそくざん》の帝釈天の窟《いわや》に日参していた。ある日参のおり、提婆達多より憍曇弥への密書を入手する。摩耶夫人を調伏しようというたくらみを知った烏陀夷は、わが子を打ち捨てて調伏の現場の健陀羅山《けんだらさん》へ馳《は》せ行こうとする。そのとき大鷲二羽が舞い降り、槃特をつかみ、烏陀夷に傷をおわせて飛び去る。烏陀夷は馬を引いてきた車匿童子《しゃのくどうじ》に、国王の大事と言い聞かせ、馬を借りて健陀羅山へ急ぐ。

四月八日、摩耶夫人は無憂樹の花を折ろうとした瞬間、右脇がひらいて太子が降誕した。降誕と同時に摩耶夫人はこと切れてしまう。誕生した太子は「天上天下唯我独尊」と唱え、二竜王が舞い降り、産湯を注いだ。憍曇弥と婆将軍は親殺しの理由で太子を殺そうとするが、烏陀夷が調伏の願書を突きつけて悪人どもを追い払う。

[第二部]

十九年が経った。誕生した太子は悉達《しった》太子と名づけられ、成長するに従って諸々《もろもろ》の技芸に秀でた才能を示した。五天竺一の美人と言われた耶輸陀羅女《やしゅだらにょ》を后として不自由ない生活を送っているが、心中ひそかに無常を観じている。悉達太子は耶輸陀羅女に、愛欲におぼれるばかりが夫婦ではない、と諭して常の夫婦の交わりをしなかったが、あるとき共に花々に飛び交う蝶々《ちょうちょう》を眺めるうちに、つがいの蝶々が袖に飛び入り、耶輸陀羅女は懐胎した。太子は出離の時が来たったと観じて王宮を忍び出る。耶輸陀羅女と烏陀夷の妻・吉祥女はその後を追うが、中途で婆将軍の手下たちが、提婆達多が思いを寄せる耶輸陀羅女を奪おうと切りかかる。吉祥女は身を盾にして耶輸陀羅女を守り、逃げさせる。

提婆達多は悉達太子を滅ぼそうと計略をめぐらすうち、欲界の外道どもがあらわれ、提婆達多が前生で欲天の摩《ま》醯首羅《けいしゅら》王《おう》であったことを思い出させ、王位や色香に執着している暇に悉達太子が成道したら、魔境の滅亡も目前であることを警告する。提婆達多は仏法を滅却し、四天下を魔界となさんと思い立ち、耶輸陀羅女をも殺そうとするが、烏陀夷がその危急を救う。

［第三部］

王宮を出た悉達太子は、檀特山《だんどくせん》へと赴き、そこまでくつわを取ってきた車匿童子とも別れ、法の師を求めていた。

太子の後を追う耶輸陀羅女と烏陀夷は、提婆達多の追求を逃れるため道を変え、「こうふ」の里の貧しい一軒家に宿を求めた。その家の主・林丹子《りんたんし》が自分の子らしい愚鈍な若い男に読み書きを教えようと苦労する姿をみて、烏陀夷はかつて鷲にさらわれて失踪したわが子の槃特を思い出す。そして見れば見るほどかつてわが子であった槃特にちがいないと心中に思う。一方、林丹子は客が提婆達多の求めている相手と知り、ほうびの金ほしさに耶輸陀羅女を提婆達多にひきわたそうという出来心を起こす。烏陀夷もそのたくらみに気づきつつ警戒をしているところ、たまたまどこからか山鳩が飛んできて窓から家に入り、飛び回る。その鳩を愚鈍の若い男は箒《ほうき》で打ち落とし、殺してしまう。殺生をした息子を折檻《せっかん》しようとする林丹子を烏陀夷はとめて、わが子を無慈悲のゆえに打擲《ちょうちゃく》しようとしながら、一方で私たちを提婆達多側に引き渡そうとするのはいかがなものか、それは無慈悲ではないかと難ずると、林丹子は涙にくれて告白をはじめる。

林丹子の言葉には、代々の猟師のゆえ殺生の報いに実子は育たず、十九年前、鶏足山で鷲に引き裂かれようとしていた少年・槃特をわが子として養い、愚鈍にもかかわらず愛育してきたという。槃特の息災延命を祈って殺生の業を断ち、貧苦に耐えてきたが、槃特の行く末を思うあまりに欲心を起こしたと烏陀夷に泣いて懺悔《ざんげ》した。さてはそういう次第だったかと烏陀夷が心中に納得したとき、とつぜん狩装束を身につけた武士が数十人、どっと乱入してきて、さきほどこの家に迷いこんだ鳩を出せという。林丹子が鳩の死骸《しがい》を投げ出すと、武士たちの中の「ぐんばら」という者が怒って、「われわれは提婆達多の身内のものである。あれは摩醯首羅天の祭りに供える千羽の鳥のうちの最後の一羽であった。鳩を殺した者を出せ」と言う。林丹子はわが子の愚鈍を訴えて許しを請うが、「ぐんばら」は許さず、鳩を殺した槃特を代わりに殺すと言い張る。林丹子の妻は手を合わせて命乞いをする。

〔ぐんばら〕「ハテやかましいいつ迄いふてもかなはぬこと。さし殺さん」とよる所をうだいをしへだて。〔烏陀夷〕「我らはあるじのがれぬ者。鳩も人も命は同じ命なれ共。からだの大小ばつぐんのさうい。鳩を秤《はかり》にかけたらば二百目も有べきが。あの者はやせたれど十四五貫目算用なしには渡されず。秤目きつとさし引し。不足は御へんのふともゝでも胴《どう》でも切て釣《つり》を取ががつてんか。いかに〳〵」とりくつづめ。林丹《りんたん》ふうふも力を得。〔林丹子夫婦〕「サアつりを出せ〳〵約束きつとかためよ」とねだれかへしてつめかくる。ぐんばらほうどつまりしが〔ぐんばら〕「いや〳〵。さし引もむつかしゝ此鳩《はと》をかけてみて。しやつが身のにく切そいで秤目に合せ請とらん。それ〳〵秤」とのゝしれば。さすがのうだいも理につまり。林丹ふうふはわつと計きえ入〳〵泣ゐたり。いかゞしてか下人共したんの大秤《ばかり》取出し。鳩をつ取て目をためす秤のさほは一尺五寸。人は五尺の身の命生死《しやうじ》二つの中緒《なかを》にかけて。各立よりためつすがめつ〔各々〕「まだかるい〳〵。サアいか程有ぞ二百十銭三分五りんと有」とそのゝめきける。(84)

烏陀夷は智臣らしく、命は同じであっても、鳩の代わりであるならば、体の大小の相違が無視できない、体重の差の「釣り」はおまえの体で払ってもらおうか、と「理屈詰め」で「ぐんばら」に迫った。対して「ぐんばら」はそれならば「秤」で鳩を計量し、それと同じ重さだけの量の肉を削《そ》ごう、と言い出し、鳩の重さを計る場面である。槃特を救おうとした烏陀夷の反論は妙な方向へ進んでしまった。烏陀夷もこれには反論できない。

林丹涙をしのごひ。〔林丹子〕「よしよし親子は同じ肉身《にくしん》某がふとも丶切りさいて渡さん」と庖丁をつ取も丶をしまくれば。うだいをさへて〔烏陀夷〕「しばらく〳〵。血をわけし親子こそ同じ肉身なるべきに。もとは他人の身を切りさかせあの子が行末じひしんかへつてあた成べし。こ丶は我に任されよ」とはんどくを引よせ。かほつれ〳〵と打ながめ。しばし涙にくれけるが。[85]

林丹子が槃特の身代わりになって自分の太股《ふともも》の肉を切り割いて渡そうとしたところ、〔槃特が本当は自分の血を分けた子供であることを知っている〕烏陀夷はそれを押しとどめ、「槃特はあなたにとってはもともとは他人のはず。それなのに身代わりとなっては、その慈悲心がかえって仇《あだ》となるでしょう。ここは私にお任せあれ」と槃特を引き寄せる。

烏陀夷は実のわが子の顔をつくづくと見守り（一方の槃特は烏陀夷が生みの父だと知るよしもない）、育ての親の大恩を説き聞かせ、股の肉を割く痛みをがまんせよと教える。槃特はおとなしく股を差し出す。烏陀夷は「でかした」とほめて、心を鬼にして抜いた剣で槃特の足を引き寄せて五・六寸の肉を削ぎ、「ぐんばら」の方へさあ受け取れ、と投げ出す。槃特は痛い痛いとうめき、林丹子夫婦に抱き寄せられる。

しかし切り出された肉は秤に載せてみると鳩の重さに足りない。「ぐんばら」どもはもっと肉を切って渡せとわめく。林丹子の妻は泣きながら相手の非道を難ずるが、相手は聞き分ける耳を持たない。そのとき、愚鈍であったはずの槃特に突然の変化が訪れる。

父母のなげきにはんどくが。ぐどんのとびらやひらけゝんむつくとおきて。〔槃特〕「ヤイちよこ〳〵切ッてはやかましい。此身を秤にかけてみて。入程取て跡《あと》をかやせ」とゐざりよつて。秤のさらに足をぐつとふみこんだり。〔ぐんばら〕「ヤア此はかりでをのれが身がかゝらふか。すねをひけ」とねめつくる。〔槃特〕「ムゝかゝらぬはかりなぜもつてうせた」と。ばた〳〵ばたとけちらせば秤みぢんにおれたりけり[86]

窮地にあたってとつぜん槃特が豹変《ひょうへん》し、口調も乱暴に、「ええめんどくさい、この身をまるごと秤に掛けるから、いるだけ取ってあとは返せ」と言い、秤の皿に足を踏みこみ、最後は秤を蹴《け》ちらかして「みぢんに」壊してしまう。これをきっかけに烏陀夷たちは「ぐんばら」どもを追い払うことができた。そして口々に槃特をほめる。

人々悦《よろこ》び「ヲヽはんどくできた〳〵」。一生のちゑはじめ鳩《はと》の秤《はかり》にかゝるちゑ。ためしなしたぐひなし申はかりはなッかりけり。ちゑとぐちとは秤のさほ。ちゑおもければ偽《いつは》りありぐちおもければまよひ有。ちゑにすゝまずぐをすてず。正直しぜんは秤のおもりおもりん〳〵。りんとかけてはりんもちがはぬ天の道。誠を以て身の宝扱こそ末世にたとへ草。はんどくがぐちももんじゆのちゑつゐに。らかんのくはをゑたり。(87)

槃特はここに至って「もんじゆのちゑ」を得、「らかんのくは」(羅漢果)を得たとこの章をしめくくる。

第四章以下の紹介は省略する。

槃特が愚鈍の仏弟子として有名な周梨《しゅり》槃特を下敷きにしていることはいうまでもない。そしてまた、この「釈迦如来誕生会」第三の後半に展開される「鳩の身代わりに自分の肉を割くことになり、肉を秤で計る」というエピソードが、シビ王本生譚を下敷きとして書かれていることはあきらかである。鳩の代わりに同じ重さの肉を割くというモチーフ、秤が重要な舞台道具となること、切られる部位が股であることなど、共通点が多くある。ここでのシビ王本生譚はもはや釈迦の前生譚ではない。本生譚の再話もしくは変容というより、説話が構成要素にまで分解され、その各要素を近松が自在に用いて作品にふさわしい挿話を組み立てている印象がある。説話の解体と再創造と言ってよいだろう。

説話の解体と再生

前節で触れたように、中世から近世にかけて、シビ王本生譚はわが国の文学へ浸透する過程で、「鳩《はと》の秤《はかり》」という簡潔で頭韻を踏んだ語句で表象されるようになっていった。近松のテキストにも「一生のちゑはじめ鳩の秤にかゝるちゑ」という語句があらわれる。

近松は娯楽性に富んだ仏伝を創造するにあたって、慣用句化しはじめた語句から、この説話のもつ「秤」という重要なモチーフにふたたび光をあてた。そしてそのことは、劇文学の創作という条件ともあいまって、シビ王本生譚が本来もっていた理詰めの論弁性・対話性を復活させることになった。『三宝絵』バージョンに見えるシビ王と鷹＝帝釈天とがかわす厳しい問答は、『マハーバーラタ』バージョンでの法をめぐるやりとり、『大智度論』バージョンでの「試みる神」としての帝釈天の性格がなにほどか息づいていたが、それは本章で見てきたように、その後の日本におけるシビ王本生譚の再話においては、河を流れてゆく石がその圭角《けいかく》を失うがごとく摩滅させていった要素だった。その論弁性が近松のテキストにあっては「ぐんばら」と烏陀夷のやりとりの形に移しかえられて再生しているのである。

再生しているといえば、肉を切る痛みもそこに数えられるだろう。『大智度論』巻四に載せられたシビ王本生譚は苦痛と血にあふれたものである（最後、秤の皿に王はよじのぼろうとするが、血で手が滑ってうまくいかないという描写がある）。『三宝絵』は生々しい描写を控えていた。それ以降の説話集などに再話されたシビ王本生譚では漸次的な割肉と流血の記述はほとんど忌避されている。ところが「釈迦如来誕生会」にあっては、股の肉を切りとられた槃特は痛みにうめき、転げまわるのである。

そしてその痛覚が槃特を覚醒《かくせい》させることになる。近松の手腕は、仏教説話にまとわりついている菩薩行という倫理性を削ぎおとしながら、このシビ王本生譚が始原からもっているダイナミズムを再生させている。「人肉一ポンドモティーフ」の説話は、本来は第三者によって人肉の賠償が回避されるものが多い。シビ王本生譚の場合は、帝釈天の神通力か、シビ王自身の誓願の力が毀《こぼ》たれた身体を回復させるのだった。他者との資源の交換によって平衡を崩した主人公がその平衡を回復し、それが物語の結末ともなるのである。

しかし「釈迦如来誕生会」の場合、槃特は肉を一片切り取られたあとは、決してそれ以上切り取らせようとはしない。急に智慧と勇気に満ち、全身を秤に載せるから「必要なだけ取ってあとをかえせ」と見得《みえ》を切り、秤に載せた足で、この説話に不可欠の表徴であった「鳩の秤」をこなごなに破壊する。それはシビ王本生譚が前提としていた「計量可能な身体」という概念のまったき否定を意味すると同時に、作品全体の転回点となるものであった。これは源泉となった本生譚との決定的な相違であり、近松の創造には一種の爽快感《そうかいかん》、カタルシスが感じられる。それは近松の意図を越えて、中世から近世へと仏教倫理が世俗化してゆく中で、異文化由来のひとつの仏教説話が解体されて元の形式も倫理も失いつつも、物語のエピソードとして新しい生命力を獲得する瞬間であったと言ってよいのではないか。

「釈迦如来誕生会」は物語の骨子として「釈迦八相物語」（作者未詳）を引き継いでいる。黒部通善が翻刻・紹介している寛文六（一六六六）年版の「釈迦八相物語」(88)には憍曇弥に味方する「馬《ば》将軍」、摩耶夫人の側につく「宇《う》将軍」、「うだい（優陀夷）夫婦」、また悉達太子の成道を妨げようとする提婆達多など、「釈迦如来誕生会」に登場する主要な人物が出そろっている。黒部通善によれば、「釈迦八相物語」は近世仏伝文学の嚆矢《こうし》として、その後の仏伝文学の骨格を作りあげたものであり、日本にもたらされた仏伝が日本の風土のなかで変容を重ね、そのたどりついたところとしての意義もあわせもつという作品であった。江戸時代のロングセラーであり、仏伝を民衆に近づけるのに大いに貢献したという[89]。

ただし寛文六年版の「釈迦八相物語」と「釈迦如来誕生会」を読みくらべてみるとき、前者には烏陀夷の愚鈍の息子である槃特にあたる人物は登場せず、また「鳩の秤」に相当するエピソードも存在しない。本生譚がまったく取り上げられないわけではなく、海水を汲《く》みつくして如意珠を得る大施太子本生譚が言及され[90]、「釈迦の本地」類の冒頭に現れる雪山童子本生譚も形を変えて作品にはめこまれているのだが[91]、シビ王本生譚は利用されていない。おそらく槃特を養育する林丹子夫婦、そしてその家で起こる「鳩の秤」の場面は、近松「釈迦如来誕生会」における独自の発想であろう。

幕末から明治にかけて活躍した戯《げ》作者《さくしゃ》・万亭応賀《まんていおうが》の勧善懲悪ものの合巻『釈迦《しゃか》八相《はっそう》倭文庫《やまとぶんこ》』(弘化《こうか》二(一八四五)年－明治四(一八七一)年)にもシビ王本生譚はあらわれる。悉達太子が追われた鳩をかくまい、外道の神への供犠として鳩を返せとせまる「無《む》悩梵士《のうぼんじ》」に代わりに股の肉を与える。肉を切り取った苦痛に気絶せんばかりになったときに無悩梵士は仙人の正体をあらわし、実はこれは太子を試す試みであった、とあかすという、おなじみの本生譚に近い挿話になっている(第十六－十七編)。『釈迦八相倭文庫』は近松の「釈迦如来誕生会」を題材として引き継いでいることはまちがいないが、後者に見られた説話の解体と再創造を同時に行う緊張感はことシビ王本生譚の再話に関しては失われていると言わざるを得ない。

第二章　血の色——日本における薩埵王子本生譚

「捨身飼虎」

飢えた虎にみずからの身体を食物として与えるモチーフをもった仏教説話は、一般的には「捨身飼虎《しやしんしこ》」という語句が記憶の索引になっているといってよいだろう。《私が生き残ったのは、偶然の奇跡。部下たちを死なせた責任の重さから、トラック島を離れるとき、〈捨身飼虎〉という言葉をかみしめました。自分を捨てて、人のために生きよう。そうすることで、彼らの死に報いよう。そう肚《はら》をくったのです(1)》――たとえばこれは俳人の金子兜太《かねことうた》が雑誌のインタビュー記事で戦後の感懐を語った言葉だが、この記事を読む際、「捨身飼虎」で呼ばれる話がもとは仏陀の前生を語る本生譚《たん》であることや、その本生譚の主人公の名称についてはかならずしも知っている必要はない。他者のために自分の生命を差し出すという自己犠牲の精神と、捨身飼虎という四字熟語が発する行為の苛烈さを暗示するイメージ――さらに加えれば法隆寺に伝わる国宝「玉虫厨子」須弥座《しゆみざ》絵に描かれた画像イメージの想起――の結びつきがありさえすれば内容の理解にはこと足りる。

しかし、過去にこの説話が日本に摂取され受容される過程には、捨身飼虎の四文字には収まりきれないイメージのゆらぎと想像力の広がりとが存在した。その一端をはなはだ不十分ながら書きとめておくことがこの章の目的である。

「捨身飼虎」と薩埵王子本生譚

「捨身飼虎」（あるいは「投身餓虎《とうしんがこ》」）は、飢えた虎に身体を施すという説話の主題に焦点をあてた呼び方であり、その内容を要約した「標題」、もしくは「キャッチフレーズ」である。第一章のⅡで述べたが、敦煌の本生図に物語の展開を全面的にフリーズ形式で描くものと、パネル形式で特徴的な場面を取り出して圧縮して描く場合とのふたつがあったように、言語テキストにおける本生譚も物語の全体を首尾結構の整った形で叙述する「完形説話」の形を取る場合と、主題を端的にあらわす形に要約して文飾的にもちいられることの多い「標題説話」の形を取る場合とのふたつの形態に分かつことができた。捨身飼虎はいわば標題説話としての四字熟語であり、「玉虫厨子」の須弥座に描かれた画《え》も、異時同図法で時間の経過を表現しているとはいえ、基本的には投身の場面だけを描いているのであるから、パネル形式、もしくは「主題画[2]」と言ってよいだろう。わたしたちは捨身飼虎の語で示される本生譚の全体を、かならずしもよく知っているわけではないのである。

捨身飼虎を主題とする完形説話としての本生譚は、この先で見る『金光明経』中の登場人物の名を冠して「摩訶薩埵本生《まかさった》」と呼ばれるときもあれば、より包括的に「牝虎本生《めすとら》」(Vyāghrī-jātaka)と呼ばれるときもある。また干潟龍祥は捨身する主人公がバラモンの場合と王子の場合があることから、「婆羅門本生」と「王子本生」の両者の呼び名を使用している。(3)「捨身飼虎」の主題をもつ説話の分布はチベットやモンゴルを含む幅広い地域に及ぶ。(4)本生譚として載録する主要な漢訳仏典を次に挙げたい。

『六度集経』巻一〔大正三・二b〕
『菩薩《ぼさつ》本行経』巻下〔大正三・一一九a〕
『菩薩本生鬘論』巻一〔大正三・三三二b－三三三b〕
『仏説菩薩投身飴餓虎起塔因縁経』〔大正三・四二四b－四二八b〕
『仏本行経』巻五〔大正四・八九c〕
『賢愚経』巻一〔大正四・三五二b－三五三b〕
『大宝積経《だいほうしやくきよう》』第八十〔大正一一・四六一c〕
『仏説護国尊者所問大乗経』巻二〔大正一二・五b〕
『金光明経』巻四〔大正一六・三五三・c－三五六・c〕
『合部金光明経』巻八〔大正一六・三九六c－三九九c〕

『金光明最勝王経』巻十〔大正一六・四五〇a－四五四b〕
『入楞伽経《にゅうりょうがきょう》』巻一〔大正一六・五一七b〕
『分別功徳論』巻二〔大正二五・三五a－b〕
『大智度論』巻十六〔大正二五・一七九b－c〕

これらの経典以外にもその遺蹟の記述が『高僧法顕伝』竺刹尸羅国〔大正五一・八五八b〕、『洛陽伽藍記《らくようがらんき》』巻五・烏場国〔大正五一・一〇二〇b〕、『大唐西域記』巻三・僧訶補羅国〔大正五一・八八五c〕に見える。また『経律異相』には巻三一に『仏説菩薩投身飴餓虎起塔因縁経』の縮約形が「乾陀尸利国王太子投身餓虎遺骨起塔一」として載せられ〔大正五三・一六二a－c〕、巻三二には『金光明経』の縮約形が「薩埵王子捨身六」として載る〔大正五三・一七六c－一七七a〕。

しかし右の中で、完形説話として十分な量の叙述をしているものは、『経律異相』を除けば、三種の漢訳金光明経と、『六度集経』、『菩薩本生鬘論』、『仏説菩薩投身飴餓虎起塔因縁経』、そして『賢愚経』に限られる。漢訳金光明経類に載せられた「捨身飼虎」譚に大きな異同はなく、『菩薩本生鬘論』収録のものは金光明経類の再録とおぼしい。すると、漢訳仏典中における完形説話としての「捨身飼虎」譚はほぼ四種類に限られることになる。

ではその四種類の中で、日本における「捨身飼虎」譚認識に与《あず》かってもっとも力のあったものはどれであろうか。「玉虫厨子」の捨身飼虎図が『金光明経』捨身品《ぼん》に依拠することは美術史では定説となっている。[5] また『三宝絵』上巻十一に載録された「薩埵王子」は「最勝王経ニ見タリ」[6] と末尾に記され、『金光明最勝王経』が出典であることを明示している。『三宝絵』のみならず、後で扱う『今昔物語集』の例にみられるように、わが国では「捨身飼虎」説話は「薩埵《さった》」の名と強い結びつきをもって想起される場合が多かった。「摩訶薩埵《まかさった》」または「薩埵」の名前は金光明経のほかに『菩薩本行経』、『賢愚経』、『護国尊者所問大乗経』に出るが、日本における捨身飼虎譚の摂取の諸相を考える場合、三種の漢訳金光明経に載せられたものをひとつの基準として考えることが妥当である。よって本稿では以下、「捨身飼虎」を主題とする本生譚を示す呼び方として「牝虎本生」でも「婆羅門本生」でもなく、金光明経類の主人公の名を冠した「薩埵王子本生譚」を使用することとしたい。

『金光明経』Suvarṇa-prabhāsa Sūtra はアジア全域で信仰された経典であり、梵文《ぼんぶん》原典、チベット語訳、漢訳のほか、蒙古《もうこ》語や満州《まんしゅう》語に訳されたものも現存している。この経典は「四天王品」において四天王による国家鎮護の思想が説かれるため、わが国では天武五（六七六）年には宮中や諸国の国分寺で読誦《どくじゅ》・講読がなされるようになり、護国経典として仁王般若経《にんのうはんにゃきょう》・法華経とともに上代より重視された。

漢訳のうち完本として残るのは右記した三本であり、『金光明経』（大正蔵№六六三）は北涼《ほくりょう》の曇無讖《どんむしん》訳四巻十九品で四一二−四二六年頃に訳出され、『合部金光明経』（大正蔵№六六四）は隋《ずい》代の宝貴《ほうき》が曇無讖その他の訳を統合したもので八巻二十四品、五九七年に完成した。『金光明最勝王経』（大正蔵№六六五）は長安三（七〇三）年に、義浄がみずからインドより将来した梵本《ぼんぼん》をもとに新訳したもので、十巻三十一品である。いずれも薩埵王子の捨身飼虎譚は「捨身品」に載り、前二者は同じ訳文、『最勝王経』は前二者と細部に異同はあるものの、基本的な説話構成・設定は同一である。以下では三種の漢訳金光明経類をまとめて指すときはカギカッコなしの金光明経と呼ぶこととする。

金光明経の薩埵王子本生譚として、『金光明経最勝王経』巻十・捨身品第二十六を長行（散文）の部分を中心とした大意の形で次に載せたい。

金光明経における薩埵王子本生譚

世尊は弟子の比丘《びく》たちを率いて林中に入った。世尊は阿難陀《あなんだ》に告げて樹下に座を用意させ、そこに坐《すわ》り、言った。「なんじらは、往昔《おうじゃく》の苦行のあかしである、菩薩の真実の舎利を見ようとは願わないか」。諸比丘は答えた。「願います」。世尊は手で地を按《あん》ずると、大地は六種に震動して七宝の塔が忽然《こつぜん》と湧出《ゆしゅつ》した。世尊はその塔を礼して座に戻り、阿難陀に塔の扉を開くように告げた。阿難陀が扉を開くと七宝の箱が入っていた。世尊は「その箱を開いてみよ」と言った。阿難陀が箱を開くと、中には輝くように白い舎利が入っていた。阿難陀から舎利を受け取った世尊は、すべての比丘たちに、それを礼敬《らいきよう》するよう求めた。そこで阿難陀が舎利の因縁を世尊に求めると、世尊は語り始めた――

昔、一国があり、王の名を大車《だいしや》といった。富裕かつ平安な国であった。王子が三人いて、長子の名を摩訶波羅《まかはら》といい、次子の名を摩訶提婆《まかだいば》といい、末子の名を摩訶薩埵といった。

あるとき三王子は父王について山林を遊行したが、いつか父王と離れ、大竹林に至った。

第一王子は「どうも今日は胸騒ぎがする。この林の中で猛獣などがわれわれを害するのではないか」と言った。

第二王子はそれを聞いて、「そんなことがあったとしても、私はこの身を惜しいとは思いません。ただし、愛する者との別離の苦しみはあるでしょうが」。

第三王子は「ここはそもそも神仙が住むところです。猛獣に襲われても私に怖れや別離の悲しみはありません。かえって心は歓喜し、諸々《もろもろ》の功徳を得ることになるでしょう」と言った。

三人の王子が先へ進むと、七頭の子を産んで七日経ったところの一頭の虎を見た。子に囲まれ、飢えに攻められ、痩《や》せて、あまり長くは生きないだろうと思われた。

第一王子は言った。「かわいそうに。この虎は子供を産んで七日、子虎に囲まれて食を探す暇がなかったのであろう。飢えに迫られて、きっと自分の子たちを食うであろう」。

第三王子である薩埵王子はたずねた。「この虎はふだん何を食べているのですか」。第一王子は答えた。「虎の類《たぐい》は生きたままの温かい血肉しか食べない。それ以外の食物ではこの虎を救えないだろう」。

第二王子はこの問答を聞いて、言った。「この虎は飢えに攻められ衰弱していて、余命いくばくもないだろう。かといってわれわれは虎の食物を用意することはできない。誰かこの虎のために、身命を捨ててその飢えの苦しみを救うものはないものだろうか」。

第一王子は言った。「いちばん捨てがたいものはわが身であるからなあ」。

摩訶薩埵は言った。「今わたしたちは自分の身体に執着して、他に利益をなすことができない。しかし上士は常に心に大きな慈悲心を抱き、身を滅ぼして他を救うものだ」。さらにこう思った。「私のこの身は無数の生において空しく朽ち果て、益するところがない。どうして今日、この身を捨てて虎の飢えの苦しみを救えないことがあろうか」。

三人の王子はこのようなことを話し合って、慈悲心を起こし、痛ましい思いでしばらく虎の親子に視線を注いだのち、その場を立ち去った。その時、薩埵王子はこう考えた。

「私が身命を捨てるのは、今をおいて他にない。この身は汚《けが》らわしいもので、いくら財宝で飾っても無常なものだ。自分に益をもたらさず、恐怖の種となることは賊と同じであり、不浄なことは糞《ふん》に等しい。この嫌悪すべき身を喜捨して、輪廻《りんね》から離脱し、無上の涅槃《ねはん》を求め、諸々の衆生に無量の法楽を施そう」。

薩埵王子は二人の兄に、「先に行ってください。私はしばらくしてから行きますから」と言って、林中に戻った。虎のところに着くと、衣服を脱いで竹の上におき、「私は衆生のために無上菩提《むじょうぼだい》を志求する。凡夫の愛するこの身を捨てて、三界の諸衆生を抜済せん」と誓願を立てたあと、餓虎の前に身を臥《ふ》せた。

しかし虎は菩薩の慈悲の威勢に打たれて、何もしなかった。薩埵王子はそれを見るや高山にのぼり、身を地に投じた。さらに「虎は衰えて、私を食する元気もないのだ」と思い、乾いた竹で首を刺し、血を流して、虎に近づいた。

このとき大地は六種に震動し、日は光を失ってあたりが暗くなった。天は名華と妙香末を降らした。虚空に天衆があらわれ、この行為を未曾有《みぞう》なりと讃嘆《さんたん》し、頌《じゅ》を説いて薩埵王子をほめたたえた。

餓虎は薩埵王子の首の下に血の流れているのを見て、血を舐《な》め、肉を喰《く》らった。そしてすべて食べつくし、ただ王子の骨だけが残った。

このとき第一王子は地の動くのを見て第二王子に告げた。「大地山河が震動し、日に光がなく、天華が乱れ落ちている。これはわが弟が身を捨てた証拠ではないか」。第二王子も、もしや弟が身を捨てたかと疑い、二人とも啼泣《ていきゅう》悲嘆しながら虎のところへもどった。すると弟の衣服が竹の上にあり、骸骨《がいこつ》や髪が散乱し、血が流れて泥となり、地を濡《ぬ》らし汚している。それを見て二人の王子は悶絶《もんぜつ》し、骨の上に倒れた。しばらくして起き上がり、ともに次のように嘆じた。

「われわれの弟は容貌《ようぼう》が端厳で、父母は非常に愛していた。一緒に外へ出たのに、どうして身を捨てるようなことになってしまったのか。父母に問われたら、何と答えたらいいのか。むしろ一緒に命を捨てたい」。

二王子はそこでしばらく悲泣し懊悩《おうのう》してからやっと立ち上がって去った。

時に薩埵王子の侍従たちは「王子さまはどこへ行ってしまわれたのだろう、探さなければ」と騒いでいた。后《きさき》は高楼の上階に寝ていたが、両乳が割かれ、歯が抜け落ち、三羽の小鳩を得たけれども一羽が鷹《たか》にさらわれ、残り二羽がおびえるという不吉な悪夢を見た。地が震動したとき、夫人は目覚めて愁いに沈み、こう言った。「どうして大地が震動して日が暗くなるのでしょう。矢が胸を射たときのように憂苦がせまり、全身がおののいて安穏な心になれません。この悪夢からすると、かならず災いがあるでしょう」。そして后の両の乳房から乳が流れ出した。

時に侍女が、「王子さまを探しているけどみつからない」と騒いでいる声を聞いて、后にそれを知らせた。后はそれを聞いてさらに苦悩を生じ、涙を流しながら王の所に至って、「今、わたしはこのような知らせを聞きました。私は最愛の息子を失ってしまったのです」と言った。王は驚き悲しんだが、后を慰め、「心配することはない、私がこれから臣下たちと探してこよう」と言って、王と大臣、その他大勢で捜索した。すると一大臣が王の前に進んで、「王子さまたちはいらっしゃいました。しかし、どうぞお憂いなさらぬよう、摩訶薩埵王子さまだけがみつかりません」と報告した。王はこれを聞いて悲嘆し、后もまた矢に射抜かれたように苦悩した。

第二の大臣が王の所へ来た。王が「わが子はどこに」と尋ねると、第二の大臣は懊悩し啼泣し、口が渇いてついに何も言えなかった。后が「わが胸をいま破裂させないでください」と頼むと、やっとその大臣は、王子が捨身したことを告げた。

王と后は聞き終わって捨身の場所へと急いだ。そこに王子の遺骨が散らばっているのを見て、ともに身を地に投じて悶絶し、まさに死なんばかりに悲しみ、正気を失った。大臣たちは水を王と后に注ぎ、しばらくあってから王と后は正気を取りもどした。そして両手を挙げてあらためて号泣し、「自分が生きているのにお前が先に亡くなるとは――これほどの苦しみはない」と嘆《たん》ずるのであった。后は陸に上がった魚のごとく悶《もだ》え、悪夢の予兆が実現したことをいまさらながら知るのであった。

王と后と二人の王子は、悲しみ尽くしたあとで諸人《もろびと》とともに薩埵王子の遺骨を収め、供養をして七宝の仏塔の中に置いたのである。

世尊は言った。「阿難陀よ、なんじらは知るべきである。これがすなわちその菩薩、摩訶薩埵王子の舎利なのだ。

往時の摩訶薩埵はすなわち今の私、釈迦牟尼《むに》であり、王は父の浄飯であり、后は母の摩耶であり、太子は弥勒《みろく》菩薩であり、次の王子は曼殊室利《まんじゆしり》（文殊《もんじゆ》菩薩）、虎は大世主（世尊の姨母）、七頭の子虎のうち五頭は今の五比丘、一頭は大目連《だいもくれん》、もう一頭は今の舎利子《しやりし》なのである」。

続けて世尊はこう述べた。「このような菩薩の行は、成仏の因であるからまさに学ぶべきことなのである。菩薩は捨身のときに『願わくはわが遺骨が来世に衆生を益せんことを。遺骨を納めた七宝の塔は無量の時を経たら、地に沈むであろう』と弘誓《ぐぜい》を発した。その本願の力によって、縁に従って地中より湧出《ゆしゆつ》するのである」。

そのとき、比丘たちはみなおおいに喜び嘆じて、無上の菩提心を発した。七宝の塔はふたたび地に没していった。

薩埵王子本生譚の特質

金光明経における薩埵王子本生譚をこのような完形説話の形で読んでみると、捨身飼虎の語でイメージされる「わが身を投じて虎に食われる」場面はたしかに説話構成の中心に位置してはいるものの、描写としてはさほど分量が割かれてはいないことがわかる。少なくとも薩埵王子本生譚としばしば対になって言及されるシビ王本生譚ほど身体的な苦痛の場面が遷延しているわけではない（第一章参照）。またやはりシビ王本生譚をはじめとする菩薩本生譚にしばしば見られる帝釈天の試みというモチーフはなく、捨身の決意は自己身体への不浄観と衆生救済の誓願を動機として、心中思惟において自発的になされている。

むしろこの薩埵王子本生譚を読んで誰しも強い印象を抱くのは、捨身する薩埵王子とその兄たちとの親密な関係、そして父母が王子を愛するがゆえの悲嘆の描写なのではないだろうか。元来はこれほどのめぐまれた近親愛を受けながら、それを振り切って菩薩行に邁進《まいしん》する大乗の求法《ぐほう》精神を強調するための描写だったのだろうが、逆に、突然の悲劇によって浮き彫りにされる家族愛のドラマが主題のように読めてしまうところがある。特に王子を先に亡くした父王と母后の逆運の歎《なげ》きは執拗《しつよう》なまでに描かれており、まるで薩埵王子は親に死ぬほどの苦しみをもたらした非常な不孝者のように思えてくるところが、金光明経における捨身飼虎譚を読んで感じる大きな特徴であろう。

興味深いのは『賢愚経』所載バージョンにおける最終場面の処理である。『賢愚経』では捨身の報を受けて兜率天《とそつてん》に生じた薩埵王子が天上から父母の啼泣悶絶するありさまを見て憐《あわ》れみ、天人に変じて来下して種々の言葉で父母を慰め、自分は兜率天に生じたのだから、どうして憂愁煩悩の海に没することがあろうか、と説得する。そのおかげで父母は迷悶《めいもん》からやや醒《さ》め、七宝の函《はこ》に王子の骨を納めて造塔供養したという結末になっている。これは理不尽な不幸に襲われた父母の苦悩心痛を何とか説話の内部で処理し、物語としての均衡を得ようとした結果であると考えられる。だがこのことは逆に、それだけ「父母の悲嘆懊悩」というモチーフが薩埵王子本生譚に固有の特質であったことを浮かび上がらせる。もちろん恩愛と求法の相克は仏教説話に広く見出《みいだ》されるテーマであり、たとえばやはり『三宝絵』上巻十二話に載録されたスダナ太子本生譚（パーリでは「ヴェッサンタラ・ジャータカ」Vessantara-jātaka、サンスクリット文献では「ヴィシュヴァンタラ・アヴァダーナ」Viśvantarāvadāna。本書第四章「学者アラムハラドの見た着物」――ヴェッサンタラ太子本生譚を参照）は正面から両者の葛藤《かっとう》を主題としているが、結末はいわゆるハッピーエンドである。すなわち家族を他人に与えるという布施行を経た主人公はとりあえず現世で果報を得る物語になっている。それに比べると薩埵王子本生譚は悲劇的であり、王子の捨身行為の現世での果報、もしくは回復はいっさい語られない。「愛された王子の出離と捨身が引き起こす父母の悲嘆」は捨身飼虎の語だけではすくいきれない薩埵王子本生譚に特有の性格であるといってよいだろう。そしてこのモチーフには、のちに触れるように釈迦伝そのものを連想させるところがある。

このことはもちろん、仏教が儒教的な「孝」とどう反応したかという問題と関わる。自己身体の犠牲をモチーフとする菩薩本生譚が、『孝経』にいう「身体髪膚はこれを父母に受く、敢て毀傷せざるは孝の始めなり」というよく知られた文言と背馳《はいち》することはあきらかである。仏教の捨身と孝との関係・交渉の過程は単純ではないが、ここでは図像的な研究における証言のみを引けば、稲本泰生《いなもとやすお》は雲岡石窟《うんこうせっくつ》の説話図の分析から、薩埵王子本生譚を代表とする「儒教倫理に照らせば狂信の譏《そし》りを免れない行動[7]」をとる過激な自己犠牲の物語は第九窟《くつ》、第十窟では影をひそめ、それ以降は自殺・自傷行為を含む物語が、意図的に造形化の対象から外されているようにみえると述べる。また百橋明穂《どのはしあきお》によれば敦煌石窟では時代の進展にしたがって本生図が描かれる壁面は四周の側壁から次第に天井部の窮屈な場所へ移動する傾向が認められ、薩埵王子本生譚においては重点が次第に王子の投身より投身以降の兄弟・両親の動向を伝えるようになり、本生図全体としては親子関係（夫婦関係）に関するテーマや、孝子の説話が増えてゆくことが特徴だという[8]。いずれにせよ、薩埵王子本生譚における無残な捨身と遺族の悲嘆懊悩の組み合わせは、東アジアにおいてそのまま素直に受け入れられるものではなかったと言ってよいだろう。

なお、インドにおいて「捨身飼虎」を主題とした本生図は長らく北インドのマトゥラーのもの一点しか発見されなかったが、近年（二〇〇〇年）になってインダス河上流のチラスの遺跡に六－七世紀頃のものとみられる壁画がもう一点発見されたことが報じられた(9)。ただしパーリの『ジャータカ』には見受けられず、主として北インドから中央アジアにおいて隆盛をみた本生譚であり、複数の研究者がその背後に遊牧民族の文化・習慣の影響を想定していることは序章に触れたとおりである。

竹と衣――受容の諸相（一）

薩埵王子本生譚は早くからわが国に知られていた。「玉虫厨子」須弥座絵と同時代では伝聖《しよう》徳太子《とくたいし》『勝鬘経義疏《しようまんぎようぎしよ》』にも言及されている(10)。平安時代になると、仏教者ならずとも一般的な教養としてこの説話は浸透していたようである。それをよく示すのは『今昔物語集』巻二十四第五十六話、「播磨国郡司家女、読和歌語（はりまのくにのぐんじのいへのをむな、わかをよむことゝ）」であろう。

今は昔、高階為家朝臣《たかしなのためいえあそん》が播磨守《はりまのかみ》（在任・承保《じようほう》三（一〇七六）年頃－永保《えいほう》元（一〇八一）年）であったとき、身分の低い侍がいた。名はわからない。あざなを佐太《さた》といった。守も名を呼ばないで「佐太」と呼んで使っていた。辺境の郡《こおり》の税の取立て役にあてがうと、喜んでその郡の郡司の家に赴き、用事をすませ、四、五日ばかりして国司《こくし》の館《やかた》へ帰ってきた。

その郡司の家には、郡司の夫婦が哀れんで養ってやっている女がいた。京から流れてきた女で、縫い物などをうまくこなした。佐太が国司の館に帰ってから、従者が「郡司の家には、髪の長い美しい女がいましたね」と告げた。佐太はそれを聞いて、「おれがあちらにいるときにはそのことを言わないで、こちらに帰ってきたら知らせるというのは腹が立つじゃないか」といい、休みをもらって、再び郡司の家をめざした。

　郡司の家に着いた佐太は、乱暴に、何の遠慮もなく女のところへ入ろうとする。女は「今は差し障りがあります。また後に」と言って、断る。佐太は腹を立てて、着ていた綻《ほころ》びのある貧相な水旱《すいかん》を脱いで、切懸《きりかけ》（＝立切懸。目隠し用の板の衝立《ついたて》）ごしに投げかけて、大きな声で、「この綻びを縫って直してくれ」というと、まもなく女はなげ返してよこした。佐太は「物を縫うのがうまいと聞いていただけあって、もう直してくれたのか」と荒々しい声でわざとらしく褒めて、水旱を手にとってみると、綻びは直っておらず、かわりに陸奥紙《みちのくがみ》に書かれた文が、綻びの許《もと》に縫い付けてあった。佐太は不審に思って開いてみる。

　ワレガミハタケノハヤシニアラネドモサタガコロモヲヌギカクルカナ

〔われが身は竹の林にあらねども佐太が衣を脱ぎ懸くるかな——私の身は竹の林ではありませんのに、サタ（佐太＝薩埵）が衣を脱ぎかけるのはどうしてでしょう〕

本来なら「心にくい。風流だ」と思ってしかるべきところを、佐太は教養がないので自分が呼び捨てにされたことを怒り、「佐太よばわりするとは何事だ。国守《こくしゅ》殿だってこれまで呼び捨てにしたことはない」と憤慨して、この女に乱暴しようとする。女はこれを聞いて泣く。佐太は郡司を呼び付けて、このことを国守に訴えると腹立ちをぶつける。郡司はおじ恐れ、女は女でなすすべもなく困り切る。

佐太は国司の館に戻ってこの話を怒りながら同僚にすると、侍たちは笑うものもいれば、一緒になって怒るものもいたが、だいたいみな女を哀れがった。

国守がこれをききつけて、佐太を召して事情を話させた。佐太は身振り手振りをまじえて大仰に守に訴えると、守はじっくり聞いていて、「おまえがこんなに馬鹿なやつだと思わなかった。そうとも知らずに年来使ってきたものだな」と言って、解雇して追い出した。そしてその女を哀れんで、着物などを与えた、という。[11]

田舎者で粗野な「佐太」は、女がとっさに詠んだ和歌の「サタ」を自分の呼び名としてしか理解できなかった。もし佐太が薩埵王子本生譚を知っていれば、女とのコミュニケーションもうまく行き、国守から解雇されるようなはめにも陥らなかったはずである。素性は知れないものの、京から流れてきた女は当然、薩埵王子の故事を踏まえて歌を作っている。「サタ」＝薩埵であり、竹の上に衣をかけるのであるから、金光明経に由来する薩埵王子本生譚を踏まえていることはいうまでもない（漢訳仏典中で主人公の脱衣に言及する捨身飼虎譚は金光明経のみである）。また、最後に佐太の話を聞いて裁量を下した播磨守為家も、もちろん女の作った歌が何を踏まえているかを知っていた。だからこそ佐太の教養のないことにあきれて厳しい処分をしたのである。ここに出てくる女は、仏道に関係あるものとも、特別に教育を受けた階級のものとも描かれていないが、とっさに機転の利いた歌を詠むことができた。そして、そのような都人にとって薩埵王子本生譚は、「竹」「さた」「衣」で容易に連想できる説話だったのである。竹の枝にかける衣のイメージは、『今昔物語集』とほぼ同時代に成立した『梁塵秘抄《りようじんひしよう》』巻二、法文歌中の次の歌（二〇九）にもはっきりと表象されている。

太子《たいし》の身投《みな》げし夕暮《ゆふぐ》れに、衣《ころも》は掛《か》けてき竹《たけ》の葉《は》に、王子《わうじ》の宮《みや》を出《い》でしより　沓《くつ》は有《あ》れども
主《ぬし》も無《な》し(12)

ここには薩埵の名も虎の語も出てこない。ただ竹にかかった、もはや着る主人をもたない衣という映像だけで薩埵王子本生譚の悲劇性を表現しているのである。『今昔物語集』と考えあわせると、院政期頃までには「竹に掛けられた衣」が薩埵王子本生譚を象徴的に示すイコンになっていたのではなかろうか。「玉虫厨子」須弥座絵における異時同図法の本生図上部におい

て、薩埵王子は上半身を包んでいた衣を樹木――しかしこの樹木は葉が広く、枝が曲折してい て、竹には見えない――に掛ける姿が印象的に描かれていた。中央アジアや敦煌の石窟寺院に残る捨身飼虎図、あるいは薩埵王子本生図は、あまりこの脱衣の場面を描いていない。多くの場合、王子が虎に投身するときは、いつのまにか上半身裸体になっているのである。石田尚豊《いしだひさとよ》は「玉虫厨子」本生図に見えるこの脱衣の所作を、金光明経の薩埵王子本生譚に特有の大乗的「誓願」のシンボルとして理解している。(13) ただしその誓願という象徴性までが『今昔』や『梁塵秘抄』に含まれているとは考えにくく、「脱衣」のみが独立して薩埵王子本生譚を指示する表象となっていたと推測される。

一方で『梁塵秘抄』のこの今様歌は、金光明経の薩埵王子本生譚に見えない独自の表徴をも示している。「太子の身投げし夕暮れに」の「夕暮れ」もそうだが、いちばん目立つのは「沓《くつ》は有れども主も無し」の「沓」である。王子の「沓」について言及しているバージョンは金光明経のみならず他の経典にも見当たらない。

本田義憲《ほんだぎけん》によれば、出離する王子の履物というモチーフは、律蔵経典中の仏伝に含まれるヤサ（耶舎《やしゃ》）伝に固有な特徴であったという。良家の子であったヤサは官能の歓楽に厭離《おんり》の念を抱き、黄金の履物をはいて出離する。そして鹿野園《ろくやおん》で初転法輪を済ませた直後の釈尊に出会う。一方、突如ヤサが出離したのを知った家族は悲嘆して息子の跡を追うが、途中で脱ぎ捨てられた黄金の履物を発見するという展開である。この展開が仏伝の成長過程そのものに影響して悉達太子（シッダールタ）の出離の物語にも転用され、やがてはこの今様歌に姿を現すようになる。言い換えれば、ここで薩埵王子本生譚は「沓」の語を媒介に仏伝そのものの一場面――八相の一つである出離――と重ねあわせて想起されているのであり、そのことが「沓はあれども……」の語句を『梁塵秘抄』に呼びこんだというのである。(14)

金光明経における薩埵王子本生譚は前節に触れたごとく、王子と、その父王・母妃、また兄弟との関係が濃厚に描かれており、出離・捨身後の家族の嘆きが釈迦伝と二重写しになった既視感を呼び起こした。(15) そして、恩愛との葛藤のドラマを共有する両者の関係性は、『梁塵秘抄』で薩埵王子の名前が出るもうひとつの今様歌を読み解く際にも必要となる。

釈迦牟尼仏《ほとけ》は薩埵《さた》王子《わうじ》、弥勒《みろく》文殊《もんじゅ》は十二の子《こ》　浄飯《じやうぼむ》王は最初《さいそ》の王《わう》　摩耶《まや》は　昔《むかし》の夫人《ぶにん》なり(16)

なぜこの歌が釈迦牟尼仏と薩埵王子を直結するところからはじまっているのか。本当はすべての本生譚が釈迦の前生の話なのであるから、あるいは他の本生譚の主人公――たとえば雪山童子――が入ってもよさそうなものであるが、後半に浄飯王と摩耶夫人の名が出ることからもわかるように、ここでの「釈迦牟尼仏」は八相の一つである「家族の恩愛を振り切っての出離」という点からみられており、その点で数ある本生譚の中でも薩埵王子譚が特権的に連想される――もちろん今様体の音数律の問題も無視できないが――からであると考えられる。「弥勒文殊は十二の子」は一見意味が取りにくいが、「十二」は「一二」の誤記であり、『金光明最勝王経』所載バージョンの連結部において、第一王子が後の弥勒であり、第二王子が文殊（曼殊室利）とされていることを踏まえた表現なのである（『金光明経』の連結部では、第二王子の後身は調達《じょうだつ》〔提婆達多〕となっており、『梁塵秘抄』の語句と合わない）。

以上より、少なくとも『梁塵秘抄』の時代には、家族の恩愛を振り切っての出離（と捨身）、そして父母の悲嘆というモチーフによって薩埵王子本生譚と釈迦伝がイメージの上で重ねられて受容されていたことが理解されるだろう。そしてこのイメージは、王子ではないが捨て身の「出離」を行ったもうひとりの聖人のイメージを呼びこむ。それはほかならぬ三蔵法師玄奘であり、それはやがてこの説話をとりまく「西域幻想」の発生に力を貸すことになるだろう。

なお、ここで平安時代の和歌に薩埵王子本生譚の痕跡《こんせき》をさぐってみると、『今昔』より百年以上早い一〇〇五年に成立した『拾遺和歌集』巻八、雑上には「男侍《おとこはべり》ける女をせちに懸想《けさう》し侍て、男の言ひ遣《いつか》はしける」の詞書《ことばがき》の下によみ人知らずの次の歌が載っている。

いにしへの虎《とら》のたぐひに身を投《な》げばさかとばかりは問《と》はむとぞ思《おもふ》(17)

他に男がいる女に懸想した男が絶望的な気持ちになって、いっそ虎に身でも投げれば女も少しは同情して便りがあるかもしれない、というささか恨みがましい歌である。「さか」には相手の行為を認める「然《さ》か」＝「そうか」の意の語と、「釈迦」とが掛けてある。同じく『拾遺和歌集』巻十九、雑恋には、「男持《も》ちたる女をせちに懸想《けさう》し侍て、ある男の遣《つか》はしける」というよく似た詞書の下に藤原国用の次の歌がみえる。

有《あり》とても幾《いく》世かは経《ふ》る唐国《からくに》の虎臥《とらふ》す野辺《のべ》に身をも投《な》げてん(18)

今度は相手の同情を引こうとするのではなくて、どうせこんなつらい思いが続くのなら、いっそのこと唐国の野辺に身を投げてしまおうか、と絶望的な勇気を吐露する。「唐国」はふつう中国のことだが、ここでは外国一般の美称として使われている。(19) 夫のいる女に身を投じようとする破滅的な情熱を、「虎臥す野辺」で表現しているのである。

時代は下って一一九四年頃成立した『六百番歌合』の恋八、二十二番では藤原有家《ありいえ》が「唐国《からくに》の虎臥《ふ》す野辺《のべ》に入るよりもまどふ恋路の末ぞあやうき」(20)と詠んで家隆《いえたか》の「我宿《わがやど》は人もかれ野《の》の浅茅原《あさぢ》通《かよ》ひし駒の跡もとゞめず」に勝ち、続く二十三番では左の顕昭《けんしよう》が「身を捨てて思へといはば唐国の虎臥す谷に世《よ》をもつくさん」と詠み、右の寂蓮《じやくれん》が「もろこしの虎臥す島もへだつらん思はぬ中のうときけしきは」と詠んで「持」（優劣なし）とされている。判者は、左が「虎臥す谷」といい、右が「虎臥す島」としたのを「野辺こそ常の事を、変へむためにや[21]」と評している。『拾遺和歌集』で詠まれた「唐国の虎臥す野辺」が歌語として流通していたことを示す判詞であろう。顕昭も寂蓮も出家であり、「虎臥す……」の語句の背後に薩埵王子本生譚のイメージが響いていたことはうたがいない。

血の色——受容の諸相（二）

南方熊楠《みなかたくまぐす》は大正三（一九一四）年一月から雑誌『太陽』に『十二支考』を連載しはじめた。大正三年は寅《とら》年であったので、考証はまず虎に関する伝説・民俗から開始された。その（五）「仏教譚」前編は、「仏教も虎もインドが本元故、虎に関する伝説や譬喩や物語が仏教書に多い[22]」と書き出され、次に『仏説菩薩投身飴餓虎起塔因縁経』の内容を紹介している。熊楠はしばらくわき道をしたあと、続く「仏教譚」後編を『大唐西域記』に関する記述からはじめる。熊楠が捨身飼虎の物語を紹介するのに金光明経ではなく『仏説菩薩投身飴餓虎起塔因縁経』に拠《よ》ったのは、その経名からもわかるように後者がより「起塔」に焦点をあてた内容をもっており[23]、それを次の記述に繋《つな》げるためだった。

玄奘の『大唐西域記』巻三に、北インド咀叉始羅《たつさしら》国の北界より信度《しんど》河を渡り東南に行く事二百余里大石門を渡《わた》る、昔摩訶薩埵《まかさった》王子ここにて身を投げて餓えたる烏菟《おと》を飼えりとある、仏国のジュリアン別に理由を挙げずに烏菟を虎と訳したが、これは猫の梵名オツを音訳したんだろとビールは言われた、しかしながら前篇に述べた通り虎を『左伝』に於菟とし、ほかにも烏檡《おと》（『漢書』）、𧇊䖘（揚雄『方言』）など作りあれば、烏菟《おと》は疑いなく虎の事でその音たまたま猫の梵名に酷《よ》く似たのだ。それから『西域記』に王子投身の処の南百四、五十歩に石窣堵波《そとば》あり、摩訶薩埵王子餓獣の力なきを愍み行きてこの地に至り乾ける竹で自ら刺し血を以てこれに啖《くら》わす、ここにおいてか獣すなわち啖うその中地《ところ》土および諸木微《すこ》しく絳色《こうしょく》を帯び血染のごとし、人その血を履《ふ》む者芒刺《いばら》を負う、疑うと信ずるとをいうなく、悲愴せざるはなしと出づ。玄奘より二百余年前渡天した法顕の紀行にも竺刹尸羅《たくちゃしら》国で仏前生に身を捨て餓虎に施した故蹟に諸宝王で餝《かざ》った大窣堵波あり、隣邦の王公士民競うて参詣し捧げ物多く花を撒き燈《とも》を点して間断《たえま》なしと見ゆ。結局《つまり》前出『投身餓虎起塔因縁経』もこの故蹟に附けて出来た伝説らしい。それに後日更に一話を附け加えてその近処の土や草木が赤く地に芒刺多く生えたるに因んで王子身を虎に施す前に自分の血を出して彼に与えたと作ったんだ。近年カンニンガム将軍この捨身処《マニーキャーラ》の蹟を見出したが土色依然と赤しという（一九二六年ビール訳『西域記』巻一、頁一四六）。すべて何国でも土や岩や草花など血のように赤いと血を流した蹟とか血滴《ちのしたたり》から生えたとか言い囃《はや》す(24)

これに続けて熊楠は世界各地の赤い色の動植金石と血とを結びつけた伝説・口碑を特色ある饒舌体《じょうぜつたい》で奔流のごとく語っていく。「絳色」は赤色の意味である。ジュリアン Julien S.（一七九七－一八七三）は『大唐西域記』の仏訳（一八五七－一八五八年）、ビール Beal S.（一八二五－一八八九）は英訳（一八八四年）をそれぞれ刊行した東洋学者であり、カニンガム（カンニンガム）Cunningham A.（一八一四－一八九三）は『大唐西域記』に記されたインド・中央アジア地域の地理学・考古学的調査を行った英国人である。

熊楠の言うところを確認してみると、たしかに五世紀初頭の西域の記録である『法顕伝』では竺刹尸羅国の条に、釈迦が前生で頭を切断したことと、身を餓虎に与えたことを記念して大塔が建てられ、きらびやかに飾られて供養されているという記述があるが(25)、血の色に関する記述はない。またそれから約百年後の西域記録である『洛陽伽藍記』巻五に載る投身餓虎の遺蹟《いせき》についての記述にもそれは欠けている(26)。さらに約百年後、七世紀の様子を記録する『大唐西域記』巻三、僧訶補羅国の当該部分を現代語訳で引用する。

ここから復《また》呾叉始羅《タクシャシラー》国の北界へ還《かえ》り、信度《インダス》河を渡り、南東に行くこと二百余里で大石門を度《わた》る。昔、摩訶薩埵《マハーサツトヴア》王子がここで身を投げ出し、餓えた烏檡に食べさせたのである。その南、百四、五十歩の所に石窣堵波がある。摩訶薩埵が飢えた獣が力をなくしているのを愍《あわ》れんだ所である。ここまでやって来て枯れた竹で自分の体を刺し、血を獣に飲ませた。すると獣はなんと王子を食べてしまったのである。ここの土地は草木にいたるまで少し赤色を帯び、ちょうど血に染まったようである。その地を履《ふ》む人は棘《とげ》に刺されたように感じる。疑うものも信ずるものも、悲愴な気持ちにならないものはない[27]。

「ここの土地は草木にいたるまで少し赤色を帯び、ちょうど血に染まったようである。その地を履む人は棘に刺されたように感じる」の部分の原文は「其中地土洎諸草木。微帯絳色猶血染也。人履其地若負芒刺」（大正五一・八八五c）となっている。玄奘没後に撰《せん》された伝記である『大唐大慈《だいじ》恩寺《おんじ》三蔵法師伝』（六八八年）にも巻二を中心に西域各地の仏蹟について記されており、同じく僧訶補羅国の条には「其地先為王子身血所染。今猶絳赤。草木亦然」（大正五〇・二三一a）と、表現は簡潔になりながらも、血で大地や草木が赤く染まったことについて、ほぼ同じ内容が記述されている。

薩埵王子が餓虎のために捨身した土地や、草木までが血の色で赤く染まっているということ——金光明経のテキストには「血」は出てくるものの、その色については決して強調していない——は『大唐西域記』を初発とし、薩埵王子本生譚から切り離すことのできない連想としてわが国に受容された。

九世紀前半に成立したとみられる『東大寺諷誦文稿』には墨消にされている次の一行が見える。

釈仏薩埵王子七産　般遮　地赤色　草木葉赤　壊劫滅失　成劫本相不失[28]

説教の際の覚え書きとみられ、理解しにくい部分もあるが、薩埵王子の捨身と大地草木の「赤色」が結びつけられていることはたしかである。「壊劫滅失／成劫本相不失」とはおそらく理解しがたいが、大地草木の赤色が少なくとも壊劫《えこう》——「四劫《しこう》」のひとつで、宇宙が破壊と解体に向かう時期——に至るまでの長い時間にわたって褪《あ》せることがないということを意味しているのだろう。[29]

『三宝絵』上巻には第十一話に薩埵王子本生譚が再話されている。出典は前にもふれたように説話末尾に「最勝王経ニ見タリ」と記されてあり、『金光明最勝王経』巻十に依拠したことがわかるが、説話を叙述しおわったあとに次のような記事が添えられている。

『西域記』に云《い》はく、「其の所は、土も草木も、今になほ赤き色なり。血を塗るが如し。人其の辺《ほとり》を踏むに、心驚き身ひるむ事、荆《いばら》の差《さ》すが如し。心有る物・心無き物、悲び痛《いた》まずと云ふ事無し」と云へり(30)。

これについて出雲路修《いずもじおさむ》は『東大寺諷誦文稿』の文を指摘しながら、「平安初期の人々にとって「薩埵王子」の説話として想起されるものは捨身飼虎のみではなかった(31)」と述べている。源為憲は『金光明最勝王経』によって本生譚の物語内容を述べるだけでは尊子内親王のための仏教教養書としては不完全であると判断し、この記事を付加したのである。出雲路の指摘のごとく、平安時代初期においては薩埵王子本生譚と「血の赤い色」とが緊密な連想で結ばれていた証拠のひとつとして挙げられる。

十四世紀前半、鎌倉時代の末期に宮廷絵師の高階隆兼《たかしなたかかね》一門によって描かれたと推測され、興《こう》福寺《ふくじ》の大乗院《だいじょういん》に相承された絵巻に『玄奘三蔵絵』十二巻がある（国宝、大阪、藤田《ふじた》美術館所蔵）。玄奘の一生を華麗な色彩で絵巻物に仕立てた作品で、玄奘が西域で本生譚の遺蹟に出会う場面も当然描かれている。捨身飼虎の聖蹟《せいせき》は、雪山童子の遺蹟と共に巻四に現れる(32)。

玄奘と従僧がそびえる険しい岩山をおそるおそる仰いでいる構図である。右手の岩山の中に狐のような姿をした虎が一頭いて、はるかに玄奘たちを観察しているように見える。そしてこの場面でだけ、たしかに植物——玄奘たちの右手に立つ、銀杏《いちょう》のような葉をして赤い花をつけている喬木《きょうぼく》、その横と玄奘たちの左上に生えている竹叢《ちくそう》、そして岩間から突き出している松らしき樹——の幹が、すべてあざやかな紅《べに》の色に塗られている。詞書を別とすれば、この画幅は一頭の虎の存在と植物の異常な幹の色という情報のみで、これが捨身飼虎の捨身処であることを表象しようとしているのである。

詞書には次のようにある。

　是は昔、薩埵王子として飢ゑたる虎の為に、身を施し給ひし所なり。其の時、血に塗《まみ》れける大地・草木、紅に染められて、今に其の色変はらずとなん。彼の湘浦《しょうほ》の竹の類《たぐい》なるべし。[33]

「湘浦《しょうほ》の竹」とは南方熊楠も先に引用した『十二支考』の文のあとで言及している中国の故事で、斑竹《はんちく》の異称であり、舜《しゅん》の時代、舜の崩御を聞いた妃《きさき》が竹に涙をそそぎ、それが斑紋《はんもん》となって以後に残ったという伝説をいう。この故事が付け加えられているのみで、あとは『大唐西域記』もしくは『大唐大慈恩寺三蔵法師伝』の記事の趣旨と変わらない。鎌倉末期にあっても薩捶王子本生譚が「血の色」の連想を伴って伝えられていたことの証拠に数えられるだろう。ただし、『玄奘三蔵絵』の詞書には「大地・草木、紅に染められて」とあるのに、画面では樹木の幹のみ紅色に塗られていて、決して大地は紅色に塗られていない。これは絵と詞書が密接に連携しなかったゆえの結果なのか、それとも絵師が大地の紅色も知りながら絵画としての画面上の要求から故意に大地は紅色にしなかったのかは不明である。

中野《なかの》玄三《げんぞう》は、『玄奘三蔵絵』成立の背景に、鎌倉時代になって隆盛となった浄土宗に対する南都法相宗の危機意識と敵愾心《てきがいしん》をみている。(34) 元来、南都仏教と比叡山天台宗は二大仏教勢力としてライバルの関係にあったが、天台から出て易行門を唱え、鎌倉新仏教の中心となった浄土宗に対して南都側は積極的な批判を開始し、またみずからは伝統的な特色であった釈迦信仰の高揚と戒律の再興を図ったことは日本仏教史に周知の事柄である。釈迦信仰の高揚は必然的に天竺に対する思慕につながり、さらに天竺を経巡った玄奘三蔵とその記録への憧憬につながってゆく。教団的な戦略の点からも、強烈な個性をもった新仏教の祖師たちに対抗できる個性として、波乱万丈の大冒険を成し遂げた玄奘を法相宗の偶像とすることは望ましいことであった。

大地を染める血の色。それは『玄奘三蔵絵』とほぼ同時期に成立した『神道集』の「熊野権現事」にも著しい。熊野《くまの》権現の縁起を語る本地物語「熊野権現」の前半は天竺の摩訶陀国を舞台とする。懐妊した五衰殿《ごすいでん》の女御《にょうご》が他の后《きさき》たちの嫉妬《しっと》のために陥れられ、山中に連行され出産

熊野権現縁起絵巻（和歌山県立博物館蔵、部分）

した直後に断首される。生まれた乳児は首のない母の乳房に吸いついて育つのである。

五衰殿の女房が乱暴な侍たちに山中へ連行される場面には、か弱い足から流れ出た血で道中の草木が赤く染められたという描写があり、たちまち『大唐西域記』の記述を思い起こさせる。それだけではなく、出産と斬首《ざんしゅ》との血が大地を染めたあとには十二頭の虎たちが登場し、生まれたばかりの王子を守護するのである。『神道集』諸本の中にはここで薩埵王子本生譚に言及するものがある。[35] すでに筑土《つくど》鈴寛《れいかん》には「山と産育には必ずと云つてもよい位、獣類の話がつきまとふ」としながら、「而して熊野本地に之を虎とするだけは、外国流の即ち印度の捨身本生話中の毛物が顔を出したのかと思ふ」[36]という指摘があるが、「熊野権現事」の流血と虎のエピソードの生成には、薩埵王子本生譚の連想があずかって力を貸しているのではあるまいか（熊野の本地の源泉のひとつと目される『旃陀越国王経《せんだえつこくおうきょう》』〔大正蔵№五一八〕に流血のエピソードは皆無である）。すくなくともわが国の代表的な本地物語と薩埵王子本生譚は「血の色」と「虎」を介して接点をもつのである。

ただし薩埵王子本生譚には喪《うしな》われた王子をめぐる家族の悲嘆という抜きがたい悲劇性があり、「血の色」はそれを象徴していた。一方で「熊野権現事」の「血の色」はショッキングではあるけれどもやがては神となる王子の貴種流離譚の出発点であり、両者の「血の色」がもつベクトルはある意味で対照的と言わなければならない。そして本生譚にあっては王子を貪《むさぼ》るはずの虎たちが、熊野の本地譚では英雄物語によくあらわれるところの動物傅育《ふいく》のパターンに取ってかわり、逆に悲運の王子を養い育てることもあざやかな対比をなすだろう。もし前者が後者の生成に刺激を与えたのだとすれば、見事な換骨奪胎の一例となるだろう。

大冊『玉虫厨子』（一九九一年）の著者上原和は、長い間の念願であった薩埵王子捨身の現地を訪れたときの印象を次のように記している。

一九七四年の六月にパキスタン北部に旅してガンダーラ美術の遺跡をめぐり歩いた際に、かつて故事の伝承地とされたことのあるラワルピンディの東南にあるマニキアラ

Mānikiāla の大塔址を訪ねることができた。はたして玄奘のいう伝承の故地であるかの考証はしばらく措く。眼前に見る地溝の多い地形は、至る所に切り立った崖をつくり、あたかも血で染まったかのように、赤茶けた土の色をむき出しにしていた。その荒涼たる光景を前にして、私は、とおく玉虫厨子の「捨身飼虎」図を偲ばずにはいられなかったのである[37]。

「かつて故事の伝承地とされたことのある」とは、南方熊楠の文にも出てきたカニンガムの論文を踏まえたものである。そのカニンガムの考証が正確かどうかはどうでもよい。ともかく、大地の色が赤いこと、それだけで「捨身飼虎」説話誕生の地とするに十分ではないか。この赤い大地の土地こそ、遠く飛鳥《あすか》の地に至った捨身の物語の伝播《でんぱ》を偲《しの》ぶ出発点にふさわしい――「玉虫厨子」の研究に生涯を捧《ささ》げた美術史家はそう言わんばかりだ。薩埵王子本生譚にまつわる「血の色」の連想は決して過去のものとはなっていないのである。

「西域幻想」と薩埵王子本生譚

捨身飼虎の場所にまつわる「血の色」の連想は、『大唐西域記』および『大唐大慈恩寺三蔵法師伝』の記述に端を発していた。その連想が南都のみならず比叡山仏教圏に身を置いていた源為憲の『三宝絵』にも記されているということは、わが国の捨身飼虎譚——薩埵王子本生譚の受容が、決して金光明経からの無媒介的な摂取ではなく、玄奘とその事蹟のプリズムを通過してのものであることを示している。それは必然的に「西域」という場所のイメージと強く結びついたものであった。

「西域」は辺土であるわが国から遠く離れているとはいえ、ある時期までは決して幻想の土地ではなかった。以下、手《て》島崇裕《しまたかひろ》の論によって推移を述べれば、遣唐使が廃されて以降も入唐《にっとう》・入宋《にっそう》する僧侶《そうりょ》は引きも切らず海を渡り、中国を中継地としての日本とインドの交流は、平安前期の密教や悉曇学《しったんがく》の輸入からもわかるように確実に存在していた。円仁《えんにん》や円珍《えんちん》は中国でインド僧から直接に学んでいる。北宋《ほくそう》はインドとの通交を積極的に進め、梵文経典の漢訳事業を百五十年ぶりに再開させている。九八三年に入宋した奝然《ちょうねん》の五臺山《ごだいさん》・インド巡礼計画は実現可能性を伴うものであった。奝然と同時代の『三宝絵』中巻の序における天竺と震旦の仏法衰微の記述は、あくまでそこが現実の土地であるという地理的空間認識が基盤となっているのである。

ところが北宋から南宋《なんそう》へかけてインドとの関係が変化し、対インド仏教政策が低調に転じる。南宋は北に接する金《きん》など周辺国家との関係から西域方面との交通路を確保できなくなり、インドとの直接的紐帯《ちゅうたい》が薄れてゆく。一一八七年に二度めの入宋を果たした栄西《えいさい》はインド巡礼を目的に南宋政府に旅行許可を求めるが、通交路がふさがれていることを理由に申請は却下されてしまう。

日本国内では院政期以降、仏教の始原への関心、釈迦信仰の勃興《ぼっこう》から天竺への憧憬が高まってゆく。特に鎌倉時代の南都仏教では勃興する浄土教団への対抗意識から釈迦信仰の高揚と戒律の復興が図られる。しかし中国を経由しての交通路が閉ざされるとともに、天竺・西域は現実的な地理認識から遊離し、観念的な次元での憧憬、現実に見聞できる土地でないゆえの「幻想」へと変化してゆくのである[38]。

完形説話としての薩埵王子本生譚がわが国の仏教説話集などに再話された例は、第一章であつかったシビ王本生譚の場合ほど多くないように見える。それは唱導の場などで語られることはあっても、あらためて記述されるほどの必要のない「教養」と化していたせいと理解できる一方で、「西域幻想」「天竺幻想」を担う説話としてはさまざまな場面で機能したものと思われる。たとえば鎌倉新仏教に対して批判を繰りひろげ、釈迦信仰の復興をはかった明恵（一一七三－一二三二）の前半生の伝記は捨身のエピソードに彩られているが、十三歳のとき「年すでに老いたり」との自覚から虎狼《ころう》に食われて死のうと墓所に赴いて一夜横たわる逸話や、十六歳で具足戒を受けてのち二匹の狼に食として身を施す夢を見たという記事には、あきらかに薩埵王子本生譚が反響している。夢の記録にはしばしば梵僧《ぼんそう》が登場し、また渡天を企てて果たさなかったという事跡からもわかるように、明恵は強い天竺への憧《あこが》れ、「西域幻想」の持ち主として伝記類に描かれる。そして伝記資料に点綴《てんてつ》される菩薩本生譚は、薩埵王子を含め、そのほとんどが『大唐西域記』『大唐大慈恩寺三蔵法師伝』に見出されるものなのである（第三章参照）。その明恵に入宋時ペルシャ人に書いてもらったという「波斯《はし》文書」を贈り、また明恵が没した際には百ケ日供養の導師を勤めた慶政《けいせい》（一一八九－一二六八）が編んだ説話集に『閑居友』がある。『閑居友』の冒頭説話「真如親王、天竺に渡り給ふ事」には、平城《へいぜい》天皇第三皇子であった真如《しんにょ》親王（高丘《たかおか》親王、七九九－八六五）が入唐、渡天し、最後は虎に食われて終わったことが記される。真如親王が虎に食われて終わった記事は『閑居友』と同じく十三世紀に編まれた『撰集抄《せんじゅうしょう》』巻六第一話「玄奘之事」にも見えるが、表題からわかるように玄奘の事蹟《じせき》が語られた後にその記事は記されている。虎に害されて死んだ真如親王は『撰集抄』の撰者《せんじゃ》にとって玄奘の事蹟と連続することは自然なことであったのだ。

先に触れたごとく、薩埵王子本生譚は捨身する王子と悲嘆する父母というモチーフの相似性ゆえに釈迦伝における悉達太子の出離の物語がそこに重ねて想起されていた。それはさらに、周囲の反対や無理解を押し切ってひそかに西域取経の無謀な冒険に出立する玄奘三蔵の像を引き寄せる。「出離する貴人」というモチーフの共通性において、悉達太子、薩埵王子、玄奘という幾重もの聖人イメージをわが国に摂取された捨身飼虎譚はその身にまとうのである。真如親王の虎害《こがい》伝説という虚構もその延長線上に成立したものだろう。真如親王は皇太子であるにもかかわらず虎に食われるという異常な最期を迎えたのではなく、おそらく皇太子だからこそ虎に食われたという説話が形成されたのである。そこに薩埵王子本生譚が有する「出離する貴人」イメージが作用していることは疑いを容《い》れない。真如親王は八世紀から九世紀にかけての人であるにもかかわらず、虎害伝説がはじめて記されるのが十三世紀のことであったのは、手島崇裕の指摘のごとく、南宋の対外的な仏教政策の縮小とそれに原因するわが国での「西域幻想」の成立が関与しているからであろう。(39)

手塚治虫『ブッダ』――説話の再生

最後に現代における薩埵王子本生譚再話の例として、手塚治虫《てづかおさむ》の長篇マンガ『ブッダ』（一九七二－八三年）にふれておきたい。『ブッダ』には要所において菩薩本生譚が実に巧みに使用されている。長篇の冒頭に語られ、最終に近い場面でふたたび作品全体のライトモチーフのように語られるのは飢えた老人の食となるために火に身を投ずる兎の話（「兎本生」）であり、成道したブッダが樹下で鹿たちを相手にはじめて説法する内容は「鹿王本生」の名で知られるジャータカの物語である。

作品の中で出家したシッダルタは苦行に疑問をもちながらもアッサジという少年（鼻を垂らして額に絆創膏《ばんそうこう》を貼った、手塚マンガにはおなじみのキャラクター）と修行生活を共にする。アッ

手塚治虫『ブッダ』第三部第八章（潮ビジュアル文庫、1993 年）©手塚プロダクション

サジは単純な頭脳の持ち主ながら予知能力を有しており、自分の死期を悟った上、その時が来るとひとかけらの悲壮さもなしに飢えた狼（ジャッカル？）の親子の前に自分の身を食として横たえる。手塚マンガに特徴的な丸い描線のキャラクターが獣に手足を引き裂かれ、内臓を引きずり出される場面には唐突な凄惨《せいさん》さがあり、目撃したシッダルタに（そして読者に）衝撃を与える〔第三部第八章「アッサジの死」潮ビジュアル文庫〕。そしてこのエピソードは、主人公シッダルタの成長の重要な一転機となるのである。これは本生譚として組みこまれているのではないが、「捨身飼虎」のモチーフから作られていることは明白である。

四《よ》方《も》田《た》犬彦《いぬひこ》は一九五〇年代の手塚の作品

（『来るべき世界』『大洪水時代』）に人々を救済するための自己犠牲のテーマを読み取り、それが『鉄腕アトム』につながっていくとする。[40]「アトム」は人造のロボットである。『どろろ』の「百鬼丸」や、『ブラック・ジャック』の「ピノコ」なども、「部品」としての身体を組み合わせて作られた一種の人造人間としてのキャラクターである。手塚治虫は医学出身のせいか、「パーツ」としての身体という意識がどこかにあるように思える。それは自己身体を分断する菩薩本生譚とどこかでリンクするところがある、というのは妄想だろうか。

本来は仏陀の前生話であるはずの本生譚を仏陀の伝記そのものに組みこむことは近世の仏伝類にも見られることであり、そこを手塚の独創ということはできない。しかし釈迦一代の教説をいわば衆生の「共生の思想」への発展として捉《とら》え、その要所に本生譚からの動物と人間とが関わる物語をたくみに配置したことはまぎれもない手塚の独創である。二十世紀後半の日本のマンガ作品において、薩埵王子本生譚は過去の受容イメージからは一線を画した形で、「捨身飼虎」という語句で表象される衝撃力をあらたに再生させているといってよいだろう。

第三章　明恵伝記資料における捨身と菩薩本生譚

明恵伝記の中の「捨身」

明恵の前半生は絶えざる自己身体の放棄、すなわち「捨身」のエピソードに彩られている。伝記資料の中に記されたいくつかの苛酷《かこく》な捨身行為は、明恵の生涯と思想を語る場合に欠くことのできない要素として重視され、これまでにも多くの論者によってその意味が探究されてきた。そうした先学の成果にもかかわらずここに屋上屋を重ねようと試みるのは、明恵という僧の個人的な傑出を証明する逸話として語られることの多い「捨身行」に、わが国における菩薩本生譚《たん》の受容という点から検討しておく余地が残されているのではないかと思われるからである。

明恵の伝記資料は基本的に『高山寺《こうざんじ》明恵上人行状』系のものと、『栂尾《とがのお》明恵上人伝記』系のものとに大別される。「行状」系と「伝記」系とはそれぞれ性格を異にし、資料的価値も異なるものの、本章では「明恵の伝記としては最も古い形を残すもの」(1)とされる、義林房喜海《ぎりんぼうきかい》による施無畏寺《せむいじ》蔵の通称「仮名行状」上巻を主な検討対象とし、必要に応じて他の資料を参観することにしたい。

ことができる。

「仮名行状」上巻における捨身記事

「仮名行状」上巻に載る明恵の捨身的行為（夢中も含む）で主要なものに、次の四つを挙げる

①明恵四歳のとき、その「美容」をみた父が、将来は侍にしたいと思ったところ、法師になりたいと思っていた明恵はわざと縁先から転げ落ちて身体を損なおうとした。また焼け火箸《ひばし》を顔にあてようとしたが、まず左腕にあててみてその苦痛に驚き、思いとどまった。

②十三歳のとき、「年すでに老いたり」という死の自覚から、どうせ死ぬなら仏が衆生のために命を捨てたように、自分も虎や狼に食われて死のうと思い、一人で「五三昧《ごさんまい》」（墓所）に赴き一夜横たわったが、何事もなく終わった。

③十六歳で東大寺戒壇院《かいだいいん》にて具足戒を受けた後のこと、ふたたび「五三昧」に行って一夜を過ごすがやはり何事もなかった。身を捨てたいと思いつづけていたある夜、夢の中に二匹の狼があらわれ、明恵を食せんとする様子を示した。明恵はすかさずこの身を施そうと決心し、

夢の中で苦痛に耐えながら狼に全身を食われた。

④二十四歳のとき、周囲の僧の様子に反発を覚え、「形をやつし、志を固くして」道に入らんと思い、仏眼《ぶつげん》如来の前で右の耳を切断した。その夜、夢に梵僧《ぼんそう》があらわれ、「汝《なんじ》の苦行を記しとどめておこう」と述べた。

この四つの捨身記事には、それぞれに行為や動機の点で相違があるものの、また一方では表現面において相互に共通点が見られもする。そのひとつとして、ここではまず、②と③の記事の双方に菩薩《ぼさつ》本生譚の主人公の名が登場することをとりあげたい。

捨身記事の中の菩薩本生譚

一一八〇（治承四）年、八歳にして父母をあいついで喪《うしな》った明恵は、生地紀州《きしゅう》の湯浅《ゆあさ》氏に引き取られ、翌一一八一（養和元）年、高雄《たかお》・神護寺《じんごじ》の上覚《じょうかく》、そしてその師であった文覚《もんがく》上人の許《もと》で修学すべくふたたび上洛《じょうらく》した。以後、顕密にわたって順調に学修を進めるのであるが、十二、三歳のときにいったん高雄を下山しようとして、八幡《はちまん》大明神の使者の大蛇と蜂が山を下りるのを阻止するという夢想によって思いとどまるというエピソードが残されている。(2) おそらく明恵はこの時期、何らかの心理的危機を体験していたのだろう。十三歳にして「年ステニ老タリ」とする特異な自覚でよく知られる捨身の逸話は、「仮名行状」の中でこの高雄下山企図の記事に続いて現れる（傍線は引用者による）。

又十三歳ノ時心ニ思ク、今ハ十三ニナリヌレハ、年ステニ老タリ、死ナムスル事モチカツキヌ、何事ヲセムト思トモイク程イキテ営ムヘキニアラス、同ク死ヌヘクハ、仏ノ衆生ノ為ニ命ヲステ給ヒケムカ如ク、人ノ命ニモカハリ、トラ狼ニモクハレテ死ヌヘシト思テ、其心ヲ試カタメニ、倶舎頌ハカリ手ニニキリテ人ニモシラレスシテ、夕、一人五三昧ヘ行テト、マレル事アリキ、傍ニ物、ヲトセシカハ、ステニ狼ノ来ルカト思デ、彼薩埵王子ノ餓虎ニ身ヲ施シカ如ク、我又今夜狼ニ食レテ命ヲ捨ヘシト思キ、尺尊僧祇ノ昔ノ修行思ヒツ、ケラレテアハレナリシカハ、一心ニ仏ヲ念シテマチヰタリシカトモ、別ノ事ナクテ夜モアケニシカハ、遺恨ナルヨウニ覚テ還リニキ云、[3]

十三歳のとき明恵は、「もう十三歳になったのだから、すでに老いてしまったのだ。死の時期も近づいている。生きて特に何をしようというあてもない。どうせ死ぬのであれば、仏が衆生のために命をお捨てになったように、他の人の命に代わるか、虎狼《ころう》の餌食《えじき》になって死にたい」と思う。そしてその意志をみずから確認せんがために、「倶舎頌《くしゃじゅ》」――高雄に入山してはじめて上覚上人から講義を受けた聖教(4)――を握りしめ、一人で「五三昧」(墓所)に赴き、一夜を過ごす。結果として狼は襲ってきたりせず、夜が明けて物足りない思いのまま帰るのである。

傍線部に示したように、一夜を墓所に止《とど》まる明恵の心中に薩埵王子の捨身飼虎《しゃしんしこ》譚が想起され、それにとどまらず「釈尊僧祇ノ昔ノ修行」を思い続けたというのである。ここでいう「釈尊僧祇ノ昔ノ修行」は、菩薩本生譚に描かれた捨身行為の数々を指しているのであろう。むしろこの逸話全体が「捨身飼虎」の説話形式に沿って発想されているばかりか、ある種の「本歌取り」(もしくはパロディー)とみることさえ可能である。(5)

このように捨身行為に際して菩薩本生譚が言及される例は、右記③の十六歳の際のエピソードにも同様に見ることができる。文治四(一一八八)年、十六歳になった明恵は母方の叔父である上覚上人に就いて出家し、東大寺戒壇院で具足戒を受ける。さらに東大寺尊勝院《そんしょういん》の聖詮《せいせん》から『倶舎論』を学び、それをきっかけに多くの経論を暗誦《あんしょう》して抄写する日々が続くのだが、その記述のあとに次のような文章が出る(傍線は引用者による)。

既ニ出家ノ仏弟子トナレリ、精進修行シテ仏ノ御ヲシヘノ如ク尊シテ、如来ノ戒法ニ於テ違犯ナカラム、又如来因位ノ修行ノ如ク、志ヲタテ行ヲコノムヘシ、弓箭ヲトル輩、ケキタナキ死ニセシト云カ如ク、我モ又法ノ為ニセハ、雪山童子ノ半偈ノタメニ身ヲ羅刹ニナケ、薩埵王子ノ餓虎ヲアハレムテ全身ヲホトコシ、尸毘鷹ニカヒ、慈力五夜叉ニアタヘシカ如クニシテ死ヌヘシト思、仍或夜又先年幼稚ノ時ノ如ク思ヒイタシテ、ナヲソノ志ヲトケムカタメニ、先ノ如ク又五三昧ニ至ル事有キ、其夜又別ノ事ナシ、空返畢、都テ如此身ヲ捨ム事ヲノミ思フ間、或夜ノ夢ニ狼二疋来テ傍ニソイヰテ我ヲ食セムト思ヘル気色アリ、心ニ思ク、我コノム所ナリ、此身ヲ施サムト思テ汝来テ食ヘシト云フ、狼来テ食ス、苦痛タヘカタケレトモ、我カナスヘキ所ノ所作ナリト思ヒテ是ヲタヘ忍テ、ミナ食シヲハリヌ、然而シナスト思テ不思議ノ思ニ住シテ遍身ニ汗流テ覚了ヌ云、(6)

「私は出家して仏弟子となったのだから精進修行して、如来の法・戒に違背しないようにしなければならない。また如来がかつて前世でしたように、志を立てて行を好まなければならない。弓矢を取る武士たちが不名誉な死に方を避けるように、私も仏法のためならば、雪山童子が半《はん》偈《げ》のために身を羅刹《らせつ》に与え、薩埵王子が飢えた虎をあわれんで総身を施し、シビ王が（やはり身体を犠牲にして）鷹《たか》を養い、慈力王《じりきおう》が五夜叉《やしゃ》に（血を）与えたようにして死にたいと思う。そこである夜、以前、十三歳だった頃と同じ考えをめぐらして、あの頃の志はまだ自分に残っているかどうか確かめようと思い、以前と同じく墓地に赴いた。その晩は別に何ごともなくむなしく帰ってきたが、そんなふうに身を捨てることばかりを考えていると、ある夜の夢に狼が二頭出てきて、私に近づき、私を食おうとする。私はこれこそよい機会だと思って、狼に「来て私をくらえ」というと、狼たちは私を食した。その苦痛は耐えがたかったけれども、ここが肝心と思って耐え忍んだ。狼はすっかり私を食べ終わったけれども、おや、自分は死んでいないな、なんと不思議なことだろうと思いながら、全身に汗をかいて夢から覚めた」という内容である。

傍線部に示したように、ここでは「捨身飼虎」の薩埵王子だけでなく、無常偈を聞くために羅刹に身を捧《ささ》げた「施身聞偈」の雪山童子、鷹に追われる鳩の身代わりになって全身の肉を与えたシビ王、そして人の血を吸えずに苦しんでいる夜叉に自分の血を与えた慈力王(『賢愚経』巻二、慈力王血施品《ぼん》第十三)の四人の菩薩本生譚の主人公名が「如来因位ノ修行」の例として出され、そこから明恵自身の捨身行の記述へ移ってゆく形になっている。

このように明恵の捨身行為(もしくは捨身の夢)に付随して伝記資料にあらわれる菩薩本生譚については、明恵自身の個人的・主体的な立場から選択・言及されたものと理解する傾向が強いようである。たとえば野村卓美《のむらたくみ》は、「明恵は自己を本生譚の主人公薩埵王子に擬し、捨身施虎と同一の行を試みている」、「明恵が修行規範の師としたのは、我が国の説話集でも著名な本生譚の主人公たちであった[7]」と述べ、本生譚と明恵の捨身行為を直接に結びつけている。またユング派精神分析から明恵研究に新生面を拓《ひら》いた河合《かわい》隼雄《はやお》は、「明恵はもちろんこのような話（＝雪山童子や薩埵太子の話）をよく知っていたであろうし、それだからこそ凄まじい捨身の決意をしたのであろう[8]」と書く。また山折哲雄《やまおりてつお》は「『捨身飼虎』の変容」と題された文章の中で、「明恵がこのような『捨身』への衝動にのめりこむようになったのは、むろん釈迦の前世における幻夢の体験談、すなわち自己犠牲の本生譚を子どものころに読んでいたからである[9]」と述べる。

もちろん明恵はそのような菩薩本生譚の名称や内容を知っていたにちがいない。だが捨身を実践しようとする明恵の意識と、そこに言及される本生譚の内容を無媒介に結びつけることは、しばらく留保する必要があるのではないか。

なぜなら、右に指摘したような薩埵王子をはじめとする本生譚の主人公の羅列は、経典からわが国の近世の文学まで、非常に幅広い範囲で見られるほとんど定型的な表現だからである。これについては第一章Ⅱの「標題説話の諸相」で詳しく述べたので、実例も含めてここでは詳しく記さないが、菩薩本生譚は首尾結構の整った物語である「完形説話」として提示される場合より、主人公名とその行為を象徴的に短い語句で要約したキャッチフレーズ的な形で表現される場合が多かったのである。このような形態を第一章では仮に「標題説話」と呼んだが、標題説話としての菩薩本生譚は、完形説話の要約としてではなく、さまざまな場面で仏教的教養を背景とする一種の「修辞」としておおいに流布したのであった。

明恵の伝記資料に限ってみても、捨身行為以外の文脈で似たような標題説話があらわれる場合がある。「伝記」系の資料において、承久《じょうきゅう》の乱の時、秋田城介《あきたじょうのすけ》義景《よしかげ》が、梅尾山中に京方の衆を隠した疑いのため、明恵を捕えて六波羅《ろくはら》へ連れてくる場面がある。そこで明恵は、「世間の事には関心がない。しかし、山は殺生禁断の地であるから、猟師に追われた獣も逃げてくる。そうであるなら、仮に敵に追われた兵士が逃げてきて隠れていても、それを追い出すようなことができようか」という意味のことを言い、続けて次のようなことばを述べる（傍線は引用者による）。

我が本師能仁《のうにん》の古《いにしへ》は、鳩に替りて全身を鷹の餌となされ、又飢ゑたる虎に身をたび候ひしぞかし。其までの大慈悲こそ及び候はずとも、かばかりの事の無くやは候べき。[10]

こうした現象を踏まえると、伝記資料における明恵の捨身記事に関して、かならずしも明恵一個人の思想と資質に還元しきれない部分が出てくるのではなかろうか。少なくとも、明恵が実際に自己の捨身行に際して独自の素養と判断によって薩埵王子等の本生譚を想起した、あるいはそれらが行為の動機となったというよりは、そうした本生譚群はすでに定型表現として存在しており、のちに明恵が弟子の喜海《きかい》に語る、また喜海が書き下ろすというテキスト生成の過程で、実際におこなわれた行為とは別の次元から伝記資料に侵入した結果として、今わたしたちの眼に触れているのではないかと思われるのである。

捨身と書物イメージ

この節では、明恵の伝記における捨身記事と菩薩本生譚の関係について、やや違った角度から検討してみたい。

明恵は建久六（一一九五）年に紀州の白上《しらかみ》の峰に修行の場を移したあと、④に示したように、みずからの右耳を切断するという捨身行をおこなっている。それは出家してもなお僧位に虚栄の余地を見出《みいだ》し、僧形をしているということだけに甘んじて如来の本意を忘れている周囲の僧たちへの反発と、それだったらいっそ私はさらに身をやつし、堅固な志をもって如来の遺風を追いたい、という動機からなされたことであった。そして「眼ヲクシラハ聖教ヲミサル嘆キアリ、鼻ヲキラハス、ハナタリテ聖教ヲケカサン、手ヲキラハ印ヲ結ハムニ煩ヒアラム、耳ハキルトイフトモキコエサルヘキニアラス、然モ形ヲヤフルニタヨリアリ(11)」という理由から特に耳を切断するに至ったのである。いま注目したいのは、その夜の夢に一人の梵僧があらわれ、明恵の苦行を記し留めると告げる部分である。

我ハ三世諸仏ノ因位ノ万行頭目手足ヲ衆生ニ施与シ給フトコロノ難行苦行ノ所作ヲシルシ候フモノナリ、然レハ御房如来ヲ恋慕シ奉テ仏ノ御為ニ身命ヲステ、耳ヲ切リ形ヲヤフリテ如来ヲ供養シ奉リ給フ、我此事ヲ記シ留メ候也ト云テ、如此事記セラレタルカト覚シキ大ナル双紙七八帖許リカサネヲカレタリト見ル(12)

その梵僧は「私は三世にわたる諸仏の因位《いんい》の修行、特に頭目手足を衆生に施与するような難行苦行を記しておく者です。いま御房が如来を恋い慕うあまり耳を切って供養なさった。これは記しておきましょう」と言うと、そのような記事を集めたらしい大きな草子本が七、八冊も重ねてあるのが見えた、という。

いったいこの「大ナル双紙七八帖許リカサネオカレタリ」(「伝記」系資料では「一冊ノ書」となっている)と夢中で見た書物の正体は何なのだろうか。「三世諸仏ノ因位ノ万行頭目手足ヲ衆生ニ施与シ給フトコロノ難行苦行」を記し集めたものというのだから、大正新脩大蔵経で多くの本生譚を集めている「本縁部」の種々の経典に似たものであろうか。そうかも知れない。しかし眼を転ずると、明恵の伝記資料には、捨身と関係する「幻の書物」が他にも登場する。

耳を切った後の記事に次のような記述がある（傍線は引用者による）。

又西天処々ノ遺跡拝見ヲ数万ノ霞ノ外ニ隔ツ、滅後辺地ノ劣報、殊ニ恨哉、コレニヨテ或ハ西域慈恩寺ノ伝記ニヨリテ処々ノ遺跡ヲ検ヘ、或ハ求法高僧巡礼ノ跡ヲ尋テ西天ノサカヒヲ思ヤルニ、只我一人ノミ遺跡ニノソムテ拝見スル心地スルニ依テ、如来ハ滅後ノ一切衆生ノタメニト、メ給ヘル遺跡ナリ、衆生ナンソツタナクシテ此等方便ヲヨソニ思ヘキヤ、盤石ノ上ニハ千輪光ヲカ、ヤカシ、経行ノ迹ニハ花文異ヲ現ス、薩埵虎ニ施シ、達拏子ヲアタヘシアト、髪ヲ布テ泥ニ掩ヒ、偈ヲ求テ身ヲ捨シ地、月光首ヲ切、尸毘鷹ニ飼フ、カクノ如キノ遺跡、五天ニ弥綸セル事ヲツラネタル文ヲミルニ、只我独深山海辺ニスマシテ、此等ノ文ヲ味トイヘトモ、サラニ是ヲカタラヒ訪ニ人ナシ、終ニシルシ留テ、有心ノトモニキキ知シメ、更ニ恨ニタエスシテ、筆ヲ下シテ仮名ヲモテ所々ノ遺跡コレヲ注シアツメラレタリ、其名ヲ金文玉軸集ト題シテ、其ノハシニ誰人ナリト雖モ有心ノ人ノ為ニ没後ノ附属ヲチキリテ、一首コレヲ詠ス、人ノミテワラハムコトヲカヘリミス、心ヤリタル秘密授記カナ云、[13]

大意を述べれば、「西域のあちこちにある釈尊の遺跡を拝みたいができないので、「西域慈恩寺ノ伝記」によって遺跡について考証し、「求法高僧巡礼ノ跡」を調べて西域について思っているど、あたかも私ひとりがそれらに遺跡を拝しているような気持ちになる。しかしもともとは如来が一切衆生のためにとお残しになった遺跡なのだから、衆生がいくら劣っているからといって、こうした方便を無視してよいものだろうか。薩埵王子が身を虎に施し、スダナ太子が子を与え、（儒童梵士が）髪を泥に敷き、（雪山童子が）偈を求めて身を捨てた場所、また月光王が首を切って与え、シビ王が（自分の肉で）鷹を養った。このような遺跡が五天竺にはたくさん残っていることを書き連ねてある文章を見ると、ただ私ひとりはこのような文章を味わっているが、訪ねて行ってともに語らう人はいない。それが非常に遺憾で、心ある人に聞き知らせるために筆を取って仮名でところどころの遺跡を注しつつ書き集めた。それを「金文玉軸集」と題し、後代の心ある人が伝えてくれることを期待して、「人の見て笑はむことをかえりみず心やりたる秘密授記かな」という一首を書き添えた」というのである。

傍線部に示したように、ここにも菩薩本生譚の標題説話が登場することに注意したい。[14] 前節まででみた捨身行の記事と同様の発想に立って書かれた箇所であると言ってよいだろう。「西域慈恩寺ノ伝記」と「求法高僧巡礼ノ跡」というのは、野村卓美が指摘しているように、『大唐西域記』や『大唐大慈恩寺三蔵法師伝』、また『法顕伝』を指すだろう。[15] これらの書物には、中央アジアから北インドにかけての国々の記述において、如来が菩薩行を修した遺蹟として仏塔が建立されている様子が頻繁にあらわれる。右で傍線を引いた標題説話の事蹟も、たとえば『大唐大慈恩寺三蔵法師伝』で言えば巻二にその大半が見出される。そうした文を仮名で抜粋して注したものが、今は失われた『金文玉軸集』という書であった、というのである。

これを読むと、個々の捨身行の記録ないしは集成という点で、明恵が耳を切った直後に見た夢中で梵僧が携えていたという「大ナル双紙」と、この失われた『金文玉軸集』とは、非常によく似た性格の書物ということができる。たしかに、『大唐西域記』や『大唐大慈恩寺三蔵法師伝』や『法顕伝』は中国の取経僧による記録・史伝であって、経典である本生経類とは菩薩本生譚の扱い方に根底的な相違がある。しかし菩薩の捨身行の内容に焦点を当てて抜き書きした場合、そうした姿勢の相違はさほど問題にならなくなるのではあるまいか。

もちろん、散逸した『金文玉軸集』こそがすなわち夢の中の「大ナル双紙」に他ならないなどと述べれば、それは空想上の遊戯となってしまう。ただここで強調したいのは、伝記資料の中の明恵にとって、捨身行とはすでにテキストとして「書き記されているもの」であり、またみずからのそれも「書き記されるべきもの」であったということである。明恵の捨身行は、文化的記憶としての書物のイメージと切り離すことができない。

明恵の伝記資料のひとつに、高山寺蔵『上人之事』一冊がある。奥田勲《おくだいさお》によれば、明恵の生存中身辺に侍していたと思われる「禅浄房」という弟子が明恵の霊験を二〇条ほど書き留めた断片的な伝記資料で、残るものはおそらく原本、「記事には明恵からの直接の聞書と思われるものが多く含まれ」るというものである。[16]『仮名行状』の耳を切断した晩の夢に梵僧があらわれる場面を『上人之事』に探すと、次のように記されている（傍線は引用者による）。

又夢ニ高僧ノソハニ書籍ヲカサネヲキタマヘルカ、意ニ思様、三宝絵也、件人言、我ハ菩薩ノ修行ノ事ヲ記シ置候也、御房ノ耳令切給事注テソヘ具シテ置らんと、被仰ト見タリ[17]

ここでは書籍の名が明記されている。夢の中で耳切断の捨身行が書きとめられるのは、『三宝絵』だというのである。天竺や震旦の書物ではなく、わが国の平安時代に編まれた説話集である。それに対応するように、『行状』や『伝記』では「梵僧」であったものが、「高僧」となっている。

『行状』『伝記』になじんでいると、ここで源為憲『三宝絵』が登場することにやや意表を突かれる。しかし考えてみれば、本書第一章で取りあげたように、『三宝絵』上巻は十三話からなる菩薩本生譚の再話集成であり、標題説話の代表的主人公であるところの薩埵王子もシビ王も雪山童子も首尾整った「完形説話」として語られているという点で、わが国の菩薩本生譚の受容史上はずすことのできない画期的な説話集であった。それを思い起こせば、『上人之事』

に『三宝絵』が登場するのはあながち不思議ではない。

伝記資料中、『上人之事』にのみ『三宝絵』の名が出る理由はにわかに理解しがたい。ただここでも言えるのは、明恵個人の思想や資質を示すとしばしば解釈される右耳切断の捨身の事跡も、玄奘や法顕の旅行記、はたまたわが国の『三宝絵』のような菩薩本生譚を集めた説話集のような「テキスト」の影がその背後に揺曳《ようえい》していることであり、その意味で個人を越えた文化的記憶の文脈の中で読む必要があるということである。

明恵伝記における捨身の意味

明恵の右耳切断からしばしば連想され言及されるのが、画家ゴッホの左耳切断である（一八八八年）。ゴッホが明恵の伝記を知っていた証拠はない。河合隼雄は明恵の右耳切断を「自己去勢」と解釈する。(18) 自傷行為の研究者であるファヴァッツァは「耳の自傷に関する医学文献はきわめて少ない」としながら、ゴッホの耳切断を「去勢と等価の行動」としている。(19) 深層心理的な動機の面では明恵とゴッホの耳切りは共通するものがあるかもしれない。精神分析でいう「自己去勢」をやまと言葉で言い換えれば「やつし」にならないだろうか。どちらも決然とした意志をもって自身を毀損《きそん》する、もしくは貶《おとし》めるのである。明恵四歳のときの容貌《ようぼう》を損なわんとして行った自傷エピソードも「やつし」が動機であった。(20)

耳を切りとるエピソードは明恵の伝記だけではない。説話では、『撰集抄』巻一の八に載せられた「行賀僧都之事」を挙げることができる。南都山階寺《やましなでら》に住する行賀《ぎょうが》僧都のもとに「悪しき瘡《かさ》」を病む四十ばかりの法師があらわれ、苦痛を訴える。特効薬は高徳の法師の左の耳だと医者に言われたという。患部の惨状を見た行賀はためらわず左耳をかみそりで切って与えた。その後は三輪《みわ》へ退いて、かつての玄賓《げんぴん》を慕いながら仏道修行していたが、ある日十一面観音《じゅういちめんかんのん》が夢枕に立ち、「いつぞやいただいた耳を今お返したてまつる」と言う。気がつくと耳はもとどおりになっていた、という話である。

そして『撰集抄』の中では、この行賀の事蹟《じせき》に引き続いて、玄奘三蔵がかつて渡天したとき山中で「瘡の病」に罹《かか》った女人の「臭くけがらはしき」身体を舐《な》めて癒《いや》す説話が連続する。その女人は実は観音であり、姿をあらわして玄奘に『般若《はんにゃ》心経』を授けるという結末の話である。『今昔物語集』巻六の第六話にも載る説話であるが、『撰集抄』では行賀と玄奘をくらべて、「飢ゑたる虎に身をあたへ給ひけん昔の因行にも、いづくか劣りて侍べき[21]」という語句がそこに顔をあらわさないわけではない。一方、『仮名行状』上巻においては、すでに引用した夢中で狼に食われる話の直後に、「又先年紀州下向ノ時」として、明恵が「癩病人」を見て、ある人から人肉がその病のための良薬であると聞いて都で刀を用意して紀州に戻ったところ、すでにその病人は亡くなっていた。それをきっかけにますます不惜身命の志を強くしたという逸話が載る。[22] まったく同形ではないにせよ、『撰集抄』と内容的にも構造的にも類似した説話配置と言ってよいだろう。捨身行為の逸話のあとに病み苦しむ人をみずからの身をもって癒そうとする話が続き、その行為者は『撰集抄』では玄奘であり、『行状』では明恵自身なのである。『撰集抄』に強く影響を与えた説話集に『閑居友』があげられる。第二章でふれたごとく『閑居友』の冒頭説話で真如親王が虎に害されて死んだという説を打ち出した慶政は入宋《にっそう》僧であり、明恵と釈迦信仰を共有し深い親交があった。『撰集抄』と『行状』は慶政を介してつながっている。

つまり、明恵伝記における捨身の記事は決して孤立したものではなく、家族的類似性においてさまざまに連関する説話や表現や書物を見出《みいだ》すことができるものであり、全体としては（第二章でふれたところの）院政期以降に成立した「西域幻想」の空気の中で醸成されたものと言ってよいのではないか。第一章で扱った標題説話化した菩薩本生譚への言及、また玄奘の旅行記や『三宝絵』上巻といった文化的記憶＝テキストへの言及は、明恵伝記の捨身の記事が「西域幻想」の気圏に属していることを示す表徴として捉《とら》えることができる。

いや、明恵は現実に渡天を企て、実際の里程標（『印度行程記』）まで作ったのだから、決して天竺は「幻想」ではなかったという見方もできる。しかし伝記資料中では明恵が渡天を企てるとかならず体調不良や春日《かすが》明神の託宣という理由で中断のやむなきに至っている。筆者にはこれは「西域幻想」それ自体が自己の強度を保ちつつそれを維持しようとする働きの結果に見えてくる。けだし「幻想」とは決して現実を知ってはならず、現実を知らずに強く憧《あこが》れるところにのみ生じ、持続するものだからである。

明恵の後半生のエピソードでよく知られているものに、紀州の苅磨《かるま》の嶋《しま》に対して手紙を書くというものがある。またテレパシー的な能力を有していて、身近な小動物の危機を察知してそれを救ったという逸話もいくつかある。いずれも明恵が自然と一体の境地に至ったことを思わせる逸話であり、その境地が肖像としてよく描かれているものが「明恵上人樹上座禅図」と言ってよいだろう。高山寺の木立の中で柔和な表情で座禅を組む肖像は、いかにも内面に集中し、しかも周囲のおだやかな自然に溶けこんで自在の境地を得た高僧の姿である。川端康成《かわばたやすなり》のノーベル文学賞受賞講演「美しい日本の私」の冒頭に引かれるのにふさわしい姿である。

考えてみれば、わが身をさいなむ捨身とは、身体という人間にとっての最大の自然に攻撃をしかけるのであるから、端的に自然に反抗する姿勢である。捨身の記事が明恵の後半生の伝記から消え去るのは、描かれた明恵の生涯が、自然への反抗から自然との融和へという、わたしたちにとってなじみ深い遍歴と合致しているからだろう。

もちろん、だからといって、明恵伝記資料における捨身記事が創作であると言いたいわけではない。明恵が同時代にあって人いちばい天竺に熱烈な憧憬を抱きつづけたことは事実であろうし、個人的な資質――とくにその身体感覚――において類例のあまり見られない特異性をもっていたこともたしかだと思う。そうした個人に還元される領域と、ある文化的記憶の領域とが強く接触した境界面に発生したのが伝記資料に見られる捨身記事なのだと考える。明恵が説話を選んだのではなく、説話が明恵を選んだという機微がありはしないだろうか。もしそうであるならば、菩薩本生譚に典型的な「捨身」が「因位の修行」であるかぎりにおいて、明恵後半生の伝記からそのような記事が消え去るのも、またひとつの必然的な帰結と思われるのである。

第四章　宮澤賢治と菩薩本生譚

賢治作品と本生譚

宮澤賢治《みやざわけんじ》の作品と本生譚《たん》とのかかわりを探ることは、賢治研究においては古典的なテーマに属するものと思われる。賢治の作品、のみならずその生涯に底流する「自己犠牲」について論じようとすれば菩薩《ぼさつ》の理念に触れないではすまされないし、菩薩の理念の実践物語として本生譚が伝えられてきたのであれば、それに思いをいたすのは当然のなりゆきだからである。ただし、賢治作品と菩薩本生譚とのかかわりを論じることは予想以上にむずかしい。それは賢治が仏典や説話を作品に昇華させる手際が多端にわたり、まさに融通無碍《ゆうずうむげ》と言ってよいものがあるからである。あきらかにもとの話が見通せるものもあれば、もとの話の輪郭と賢治の想像力の境界とが融《と》けあって見通せないものも多い。賢治自身の自己規定はどうあれ、作品を創造する際にはひとりの近代的な創作者であったわけだから、それもまたあやしむには足りないとすればそれまでなのであるが。

たとえば「四又の百合《ゆり》」という短い作品がある。「正偏知《しょうへんち》」があしたの朝の七時頃にヒームキャの河をわたって、ハームキャの都城にやってくるという。町のひとびとは「正偏知」が来るのを待ち望んでいたから、いそいそとして家を整え道々を清掃する。王は王宮で歓待の準備をおこたりなく指図し、「正偏知」に捧《ささ》げる予定の百合の花の咲き具合を気にする。大臣は林間で一茎の百合をもった子供をみつけ、その子供と交渉し、百合を買い取る。そうこうするうちに川の向こうに黄金色が虹《にじ》のようにのぼるのが見え、王以下みんながそれにむかってひれ伏した。「二億年ばかり前どこかであったことのやうな気がします」という一文で作品は閉められる。

これといった教訓的な結末もなく、緊張にみちた物語の起伏もないけれども、まさに秋の一陣の「すきとほった風」のような言葉でつくられた美しい作品である。「正偏知」が仏陀のことをさしているのはまちがいない。これはなにか仏典を下敷きにしているのだろうか。

金子《かねこ》民雄《たみお》は「四又の百合」について、「本生譚の中にある燃燈仏（釈迦二十四世前に出現した仏陀）が、ディーパヴァティーの町に出現するというので、青年僧メーガが花を捧げたいと願うが、国王にみな買い占められて果せず、たまたま出会った少女から七本の蓮華を買って、散華を果した話を敷衍したものである。賢治は蓮華を百合に、少女を少年に置き替えて、文字通り賢治版の本生譚に仕立て上げた換骨奪胎の作品といえよう[1]」と述べる。

たしかに賢治はいわゆる「燃灯仏授記」の説話の設定——これから町にやってくる仏、町の人々および王の期待、道々の清掃と花の準備——を「四又の百合」の創作に利用したのかもしれない。しかし青年僧メーガ——釈迦の前世の菩薩で、漢訳では多く「儒童」——が燃灯仏に華を捧げ、泥の上に髪を敷き、きたるべき成仏の記を授かるという説話の重要モチーフはまったく姿をみせない。このときこれを仏教説話を「換骨奪胎」した賢治版の「本生譚」と言えるかどうかは疑問とせざるを得ない。「本生譚」と判断するからには、そこには最低限、なんらかの形で「過去世」物語（主人公が過去、どういう存在で何をしたか）と「連結部」（その結果、いまどのような存在になったか）が語られなければならない。そう考えたとき、「四又の百合」は仏教説話からその設定を借りた賢治のもっとも美しい作品のひとつであることはまちがいないものの、テキストそのものからはそれが既存の本生譚の再話である、もしくは賢治があらたに創造した本生譚であると言うことには躊躇《ちゆうちよ》せざるを得ないのである。

すなわち本章では、賢治のテキストから、特定の本生譚を再話もしくは引用しているとはっきりわかるもの、次に賢治が本生譚の特質を意識して創作したと理解できるもののふたつにわけて話をすすめようと思う。

Ⅰ　特定の菩薩本生譚を再話もしくは引用しているもの

〔手紙一〕――毒竜本生譚

宮澤賢治には、無題のままで活版印刷され、別々に匿名で郵送されたり、手渡しされたり、中学校の下駄箱に入れられたりしたと言われる四種類の文書がある。[2] それぞれこれまで慣用的に〔手紙一〕〔手紙二〕〔手紙三〕〔手紙四〕と呼ばれて全集に収められている。配布年代も印刷部数も不明というが、大正八年九月二十一日付の保阪嘉内《ほさかかない》宛の葉書の文面にある「半紙刷五十枚御送附申上候」という文言がおそらく〔手紙一〕を指しているものと推測されるところ[3]から、少なくとも〔手紙一〕は大正八年（賢治二十三歳）の夏頃までに作成されたものと見てよいだろう。

従来、この〔手紙〕シリーズについては、〔手紙四〕のみが内容の点から妹トシの死が賢治に与えた影響を探る上で重要視されてきたが、それ以外はほとんど顧みられていない。文芸作品というカテゴリーからはずれたものとみなされてきたからであろう。〔手紙一〕の全文を次に載せる。

むかし、あるところに一疋の竜がすんでゐました。

力が非常に強く、かたちも大層恐ろしく、それにはげしい毒をもつてゐましたので、あらゆるいきものがこの竜に遭へば、弱いものは目に見ただけで気を失つて倒れ、強いものでもその毒気にあたつてまもなく死んでしまふほどでした。この竜はあるとき、よいこゝろを起して、これからはもう悪いことをしない、すべてのものをなやまさないと誓ひました。そして静なところを、求めて林の中に入つてじつと道理を考へてゐましたがたうとうつかれてねむりました。

全体、竜といふものはねむるあひだは形が蛇の様になるのです。

この竜も睡つて蛇の形になり、からだにはきれいなるり色や金色の紋があらはれてゐました。

そこへ猟師共が来まして、この竜を見てびつくりするほどよろこんで云ひました。

「こんなきれいな珍らしい皮を、王様に差しあげてかざりにして貰ったらどんなに立派だらう」。

そこで杖でその頭をぐつとおさへ刀でその皮をはぎはじめました。竜は目をさまして考へました。

「おれの力はこの国さへもこわしてしまへる。この猟師なんぞはなんでもない。いまおれがいきをひとつすれば毒にあたつてすぐ死んでしまふ。けれども私はさつき、もうわるいことをしないと誓つたしこの猟師をころしたところで本当にかあいさうだ。もはやこのからだはなげすて、、こらへてこらへてこらへてやらう」。

すつかり覚悟がきまりましたので目をつぶつて痛いのをじつとこらへ、またその人を毒にあてないやうにいきをこらして一心に皮をはがれながらくやしいといふこゝろさへ起しませんでした。

猟師はまもなく皮をはいで行つてしまひました。

竜はいまは皮のない赤い肉ばかりで地によこたはりました。

この時は日がかんかんと照つて土は非常にあつく、竜はくるしさにばたばたしながら水のあるところへ行かうとしました。

このとき沢山の小さな虫が、そのからだを食はうとして出てきましたので竜はまた、

「いまこのからだをたくさんの虫にやるのはまことの道のためだ。いま肉をこの虫らにくれて置けばやがてはまことの道をもこの虫らに教へることができる。」と考へて、だまつてうごかずに虫にからだを食はせとうとう乾いて死んでしまひました。

死んでこの竜は天上にうまれ、後には世界でいちばんえらい人、お釈迦様になつてみんな

に一番のしあはせを与へました。

このときの虫もみなさきに竜の考へたやうに後にお釈迦様から教を受けてまことの道に入りました。

このやうにしてお釈迦さまがまことの為に身をすてた場所はいまは世界中のあらゆるところをみたしました。

このはなしはおとぎばなしではありません。(4)


主人公の竜は死んでから「お釈迦様」になったという。つまりこれは仏陀の前生を描いた話、すなわち本生譚であると明言されている。結末の「このはなしはおとぎばなしではありません」という一句には、これを個人の空想裡《り》で作られた物語と思わないでほしい、仏典に記された真理を自分なりの日本語で記したものなのだ、という思いがこめられていよう。

『新修宮沢賢治全集』十四巻（筑摩書房、一九八〇年）のはさみこみの小沢俊郎《おざわとしろう》による語註《ごちゅう》には、この「竜」について、「『大智度論』巻第十四の冒頭に引用のもの（毒竜本生）の再話」と記されている。(5)賢治はこれを大正八年六月三十日が発行日となっている国民文庫刊行会の『国訳大蔵経論部第一巻』（山上曹源《やまがみそうげん》訳）で読んだのかもしれない。

『大智度論』巻十四の毒竜本生譚は「尸羅《しら》（＝持戒）波羅蜜《はらみつ》」を釈する説話としてあらわれる。

「菩薩はいったん戒を持したら、みずからの身を損なうことになっても、小戒でさえ破らない。これが「尸羅波羅蜜」なのだ。そのことは「蘇陀蘇摩王経」中に説いてあるごとしである。菩薩は身命を惜しまず、それで禁戒をまっとうするのだ」〔大正二五・一六二a〕という前置きに続いて竜の話が述べられる。当該部を三枝充悳《さいぐさみつよし》による現代語訳で引用する。

ボサツがその本身をかつて大力の毒竜としたことがありました。その竜がもしも生あるものの前に出て行くと、身体の力の弱いものは、眼に見ただけで、すぐに死んでしまい、身体の力の強いものは、気持がそちらのほうへ向いて（高ぶりすぎて）、死んでしまいました。

この竜が一日戒を受け、出家して静かなところを求め、林の木のあいだに入って行って、思惟して長い時間坐っているうちに、疲れ切って眠ってしまいました。竜の習慣として、眠るときは、その形は蛇のようです。身体に美しい飾りがあり、七宝がさまざまな色をまじえています。猟をしていたものがこれを見て、驚喜していいました、「これはめったにない・得がたい皮であるから、これを国王に献上して、それをもって服の飾りとしたならば、なんとまた結構なことではないか。」そこで杖をもってその頭をなでさすり、刀をもってその皮を剝ぎとりました。

竜はみずから心に思い、いいました。「自分の力ならば、思うようになる。この国を傾かせ覆すことでも、それは手のひらをひっくり返すように（容易なことだ）。このひとは小ものであり、どうしてよく自分を苦しめることができよう。しかし自分はいま戒を受持しているがゆえに、この自分の身のことはあれこれ考えずに、まさにブッダのことばに従わなければならない。」そこで、みずから耐え忍んで、目を眠ったままにして、（猟者を）見ず、いきを閉じたまま呼吸をせず、このひとをあわれみました。持戒のためのゆえに、心を統一していて、皮を剝ぐことを受けても、それを後悔する心は生じませんでした。

こうして（竜は）すでに皮を失い、赤い肉をむきだしに地につけていました。そのとき太陽が大いに熱したので、土のなかをころげまわって、大きな水のところに行こうとしました。すると多くの小さな虫がやってきて、その身体を食べるのを見ましたが、持戒のためのゆえに、またあえて動こうとしませんでした。みずからよく考えていいました、「いま自分のこの身体をもって、多くの虫に施しをするのは、これは仏道のためのゆえである。いま肉をもって施しをして、それをもってこの身体に一杯にしよう。のちに仏と成るときに、必ず法施をもって、それによってその心に役立つにちがいない。」このように誓いおわって、身体は乾き、命が絶えました。すぐに（欲界の）第二の三十三天上に生まれました。

そのときの毒竜は釈迦文仏（シャークヤムニ・ブッダ）がこれです。このときの猟者は提婆達多（デーヴァダッタ）などの六師がこれです。多くの小さな虫けらどもは、釈迦文仏が最初の説法をされたときに、八万の諸天の、さとりの道を得たものたちがこれです。ボサツは戒を護って、身体を惜まず、いったん心に決定すると後悔しないことは、右のとおりです。(6)

この『大智度論』バージョンの毒竜本生譚と賢治の〔手紙一〕と比べてみると、語句の省略や言い換えはあるものの、説話の展開としては文のレベルでほとんど両者が一致していることがわかる。しかし心に留めておいてもよい相違も存在する。

『大智度論』バージョンの毒竜本生は、「尸羅波羅蜜」をめぐる問答から始まることからわかるように、六波羅蜜の一である持戒波羅蜜（尸羅 śīla ＝戒）を保つことの重要性を説く役割を担った説話であった。(7)竜が「一日戒を受け」で物語がはじまり、猟師に皮を剝《は》がれても「自分はいま戒を受持しているがゆえに」それに耐え、赤裸になったところを小さな虫たちに襲われそうになったときも、「持戒のためのゆえに」それを避けようとはしない。一方、賢治のテキストは「戒」の語はすべて出さず、「これからはもう悪いことをしない、すべてのものをなやまさない」と誓ったがゆえに苦痛に耐えて捨身する表現にしている。「戒」はそもそも自発的なものであるから、(8)「戒」と「誓い」はほぼ等しいものであると考えてよく、その意味では賢治のテキストにはきちんと『大智度論』の意図が生かされているということができる。

しかし「戒」の語を消した「けれども私はさつき、もうわるいことをしないと誓つたしこの猟師をころしたところで本当にかあいさうだ」という竜の心中思惟《しい》表現を読むと、「本当にかあいさうだ」の語が大きく響いてこないだろうか。もちろん原拠の『大智度論』にも「このひとをあわれみました(憐愍此人)」という語句があるにせよ、「本当にかあいさうだ」は賢治の肉声がふと忍びこんだような気がするのである。

菩薩本生譚の描く捨身行為は、法を求めるためにという「対法的」動機と、眼前の困窮している他の衆生を救うためという「対他的」(「対衆生的」と言ったほうが正確かもしれないが)動機の双方をつねにあわせもっている。無常偈《むじようげ》を求める雪山童子は求法《ぐほう》の熱情につき動かされているが、羅刹《らせつ》の空腹という対他的な要素が捨身の動機としてそこに介在しないわけではない。捨身飼虎《しやしんしこ》をモチーフとする薩埵王子本生譚であっても、餓虎《がこ》という対他的動機によって捨身するように見えながら、かならずそこには「法の成就のため」という動機が書きこまれている。またそうでなければ、菩薩本生譚は倫理的規範である六波羅蜜を説く説話となり得ない。ただし本生譚の語り方によって、対法的に傾く場合と対他的に傾く場合との違いは生じてくるだろう。そこからみると、「本当にかあいさうだ」という語句によって、賢治の語る毒竜本生譚は原拠より対他的な動機の方向へ軸が傾いているのではないだろうか。

大正七年五月十九日付の保阪嘉内宛の書簡には、賢治が地質調査をしている際、馬を牽《ひ》き炭を担う生業の青年と山中で行きあう場面が記録されている。物価が高く、賃金の安いことを青年がこぼすと、賢治は慰めることができず、「私はもし金はまうけてもうまいものは食はない。立派な家にすまない。妻をめとらない」(9)と反射的に答えてしまう。すぐそのあと「こんな事がこの人に何かよろこびになるでせうか」とみずから訝《いぶか》しんでいるが、これは賢治の資質を照射するエピソードのひとつと言えるだろう。賢治自身が「うまいものは食はない」と誓っても、別に青年の生活が楽になるわけではない。それは少し反省してみればわかることである。だが賢治は、社会環境の中で自分より劣位にあると感じられる他者に接したとき、条件反射のように自虐的な言葉を返してしまう。その瞬間、賢治は対他的な意識――「かあいさうだ」――に過剰なまでに圧倒されてしまっている。それは仏「法」以前のある資質の表出と言ったほうが真実に近い。そして、もし対他的動機のみの菩薩本生譚を想定するとしたら、そこに描かれる捨身は、ほとんどよるべない、突発的な自棄行為に近づくのではないか。〔手紙一〕は、一見するとこれといった創意のない仏典の再話にみえながら、賢治の語る「捨身」の特質をなにほどか照らし出しているように思われる。

「学者アラムハラドの見た着物」――ヴェッサンタラ太子本生譚

「学者アラムハラドの見た着物」は大正十二年頃の執筆かと推定されている未完の童話である。賢治の死後発見された作品であり、途中の原稿が散逸し、最終葉と見られる原稿は一行書き入れてあるのみという状態だが、現存原稿は清書の手入れがなされている。全体が推敲《すいこう》されたあとで中途の原稿を廃棄したのか、あるいは最後まで清書・書き直しが完遂しなかったのかどうか定かでないという。(10) 特にモデルとなるような場所は示唆されないものの、作中に「葱嶺の氷や辛度の流や流沙の火」という表現があるところから、「雁《かり》の童子」や「マグノリアの木」といった西域童話と同じく、中央アジアから北インド周辺をイメージして書かれているものと考えられる。

学者アラムハラドはある年十一人の子供を私塾で教えていたという設定からこの童話ははじまる。十一人の生徒の中には裁判官や農商の大臣の子といった貴顕の子もいたが、アラムハラドがいちばんお気に入りだったのはセララバアドという子だった。セララバアドが何か答えるたび、アラムハラドは「どこか非常に遠くの方の凍ったやうに寂《しず》かな蒼黒《あをぐろ》い空を感ずる」のだった。「このおはなしは結局学者のアラムハラドがある日自分の塾でまたある日山の雨の中でちらっと感じた不思議な着物についてであります」――しかしその「不思議な着物」の正体については現存する原稿において述べられないまま残されている。

序文に続く「一」は塾の場面である。アラムハラドは生徒たちに人の本性とは何か、人がしないではいられないこととは何か、と問いかける。生徒の一人タルラは答える。「人は歩いたり物を言ったりいたします」。教師のアラムハラドは即物的なタルラの答えを問答によって道徳的な領域に導き、ついにタルラから、「私は饑饉《ききん》でみんなが死ぬとき若《も》し私の足が無くなることで饑饉がやむなら足を切っても口惜しくありません」という答えを導き出す。次の生徒であるブランダは「人が歩くことよりも言ふことよりももっとしないでゐられないのはいゝことです」と答える。アラムハラドは満足しながらも、かねてお気に入りの生徒であるセララバアドにあてる。するとセララバアドは「人はほんたうのいゝことが何だかを考へないでゐられないと思ひます」と答える。アラムハラドはその答えに感動し、目をつぶるとその暗闇のずっと遠くが、青く明るい空間になって、そこに黄金の葉をもった樹が並んでおり、梢《こずえ》をさんさんと鳴らしているというイメージを見る。そして内容を補足してからその授業を終え、自分の部屋に帰る途中、もう一回目をつぶるとふたたび先ほどのイメージが現れ、しかも今回はその青い空間の中に、軽い黄金色の着物を着た四人の人が立っているのを見るのである。

続く「二」では、アラムハラドは子供たちに囲まれ、問答をしながら林間に入ってゆく。林中深く入ると、サマシャードという小さな子が一本のなつめの高木をみつけて、とれないかなあ、と言う。アラムハラドはそれに対して次のように答える。

「あの木は高くてとゞかない。私どもはその実をとることができないのだ。けれどもおまへたちは名高いヴェーッサンタラ大王のはなしを知ってゐるだらう。ヴェーッサンタラ大王は檀波羅蜜の行と云ってほしいと云はれるものは何でもやった。宝石でも着物でも喰べ物でもそのほか家でもけらいでも何でもみんな乞はれるまゝに施された。そしておしまひたうたう国の宝の白い象をもお与へなされたのだ。けらいや人民ははじめは堪えてゐたけれどもつひには国も亡びさうになったので大王を山へ追ひ申したのだ。大王はお妃と王子王女とただ四人で山へ行かれた。大きな林にはいったとき王子たちは林の中の高い樹の実を見てああほしいなあと云はれたのだ。そのとき大王の徳には林の樹も又感じてゐた。樹の枝はみな生物のやうに垂れてその美しい果物を王子たちに奉った。

これを見たものみな身の毛もよだち大地も感じて三べんふるえたと云ふのだ。いま私らはこの実をとることができない。けれどももしヴェッサンタラ大王のやうに大へんに徳のある人ならばそしてその人がひどく飢えてゐるならば木の枝はやっぱりひとりでに垂れて来るにちがひない。それどころではない、その人は樹をちょっと見あげてよろこんだだけでもう食べたとおんなじことにもなるのだ」[11]。

　ここで言及される「ヴェーッサンタラ大王のはなし」とは、仏教圏にもっとも広く伝わった本生譚の一つであり、パーリ語文献では「ヴェッサンタラ・ジャータカ」Vessantara-jātaka、サンスクリット文献では「ヴィシュヴァンタラ・アバダーナ」Viśvantarāvadāna、漢訳仏典中では多く「スダーナ（スダナ）太子本生」（Sudāna「須達拏」「須大拏」「須提拏」「蘇達拏」などと表記される）として知られるものである。パーリ語、サンスクリット、漢訳にとどまらず、この本生譚が載せられた文献はチベット語、コータン語、ソグド語、トカラ語、モンゴル語、ネパール語、シンハラ語、カンボジア語に及び、図像表現もインド、東南アジア、中央アジア、中国の各地に見ることができる。[12] 漢訳仏典においてまとまった分量で物語全体を提示しているもののみ次に挙げれば、『六度集経』巻二に「須大拏経」の名で見え（大正三・七c－十一a）、『菩薩本縁経』の巻上から巻中にかけて「一切持王子」の名で現れ（大正三・五七c－六一b）、この物語のみで独立した経となっているものに『太子須大拏経』があり（大正三・四一八c－四二四a）、また『大智度論』巻十二には「須提拏太子」の名で簡略化されたバージョンが収められている（大正二五・一四六b）。さらに『根本説一切有部《こんぽんせついっさいうぶ》毘奈耶《びなや》薬事《やくじ》』巻十四にはサンスクリット Viśvantara の音訳である「尾施縛多羅」の名前で主人公が登場し（大正二四・六四c－六八b）、同じく律部の『根本説一切有部毘奈耶破僧事』巻十六では太子の名前が「自在」となって現れている（大正二四・一八一a－一八四b）。

わが国の文学では『三宝絵』上巻十二話に「須太那」の名で摂取され、『宝物集』（七巻本）巻六に引き継がれている。また平安時代の『宇津保物語』の登場人物・仲忠《なかただ》の造形に投影されているという指摘がある。[13] 大正九年には倉田百三《くらたひゃくぞう》がこの本生譚をもとに「布施太子の入山」という戯曲を書き、大正十四年に帝国劇場にて上演されている。[14] 以下、この本生譚の本書での呼び方は「ヴェッサンタラ太子本生譚」で仮に統一することとする。

　この本生譚の物語の骨子をパーリの『ジャータカ』五四七話にもとづいて述べれば次のようなものである。

　昔インドのシヴィ国に太子が生まれ、ヴェッサンタラと名づけられた。幼い頃から慈悲心に富み布施の願いが強く、あらゆる人の願いに応じてさまざまなものを与えていた。あるとき、飢饉《ききん》に苦しむカーリンガ王国から、幸福と繁栄をもたらす白象を乞《こ》われたヴェッサンタラはそれを与えてしまう。それを知った国民に不満の声がうずまき、父王サンジャヤはヴェッサンタラを城から山中に追放せざるを得なくなる。太子に連れ添うことを願う妃《きさき》マッディーと子供二人とともにヴェッサンタラは城を出たが、それからもバラモンたちに乞われるに従って財宝や車を与え続け、ヴァンカ山に住した。

　カーリンガ王国のバラモンのジュージャカは若い妻にけしかけられ下男下女を得んとして、山中のヴェッサンタラのもとへ至る。ヴェッサンタラはジュージャカの願いに応じて王子ジャーリとその妹カンハージナーを与えてしまう。

マッディー妃をなぐさめ、施しの意義を説くヴェッサンタラを見て、サッカ神は「布施の完成の極み」を得させようとして一計を案ずる。みずからバラモンに化身してヴェッサンタラのもとに赴き、「あなたの奥方をいただきたい」と乞うた。ヴェッサンタラがためらわず妃を差し出し、妃も夫の施しの偉大さを理解してまったく動揺しないようすを見たサッカ神はその身を明かしてマッディー妃をヴェッサンタラに返し、願いがあれば八つ言え、という。ヴェッサンタラはわが宮へもどる自分を父王が喜んで迎え入れてくださるように以下、八つの願いを述べた。サッカは遠からず父王が迎えにくるだろうと告げて天界へと去った。

ジュージャカに連れられたジャーリとカンハージナーは祖父のサンジャヤ王に会い、実情を訴える。反省したサンジャヤ王は盛大な行軍とともにヴァンカ山へとヴェッサンタラ太子を迎えにいった。家族は再会し、サンジャヤ王は太子にわび、王位を太子にゆずった。ヴェッサンタラは王となり、死後は天上に再生した。

そのときの王サンジャヤはスッドーダナ（浄飯）大王であり、サンジャヤの后《きさき》プサティーはマハーマーヤー（摩耶夫人）であり、ジャーリ王子はラーフラであり、カンハージナーはウッパラヴァンナーであり、ヴェッサンタラは実は世尊その人であった。

賢治作品に戻れば、この「学者アラムハラドの見た着物」の場合、さきに見た〔手紙一〕のごとく本生譚全体を展開しているわけではない。ヴェッサンタラ太子本生譚の前半部概要は巧みにアラムハラドの口から語られるが、この本生譚の特徴である妻子の布施には言及されず、山中で樹々が頭を垂れて果実を子供たちに与えたということ、そしてそのとき大地が震えるなどの奇瑞《きずい》が生じたという箇所で終わっている。

ヴェッサンタラ太子本生譚が賢治のテキストの中に顔を出すのはこの童話のみではない。大正七年十二月十日前後に書かれたと推定されている保阪嘉内宛書簡〔書簡九四〕の中に次のような部分がある。

ベッサンタラ王が施しをした為に民の怒りを買ひ王宮を逐はれ二人の子をつれて妃と山へ入りました。密林の中には多くの果実が実り子等はこれを求めて泣き叫びました。木は自ら枝を垂れ下して果実を与へました。身毛為に竪つべきこの現象よ。これは王の過去に積んだ徳行によるのでせう。(15)

大正七(一九一八)年は賢治二十二歳、精神的に激動の年であった。盛岡《もりおか》高等農林学校を三月で卒業する年であったが、その後の進路を決めかねている。父・政次郎《まさじろう》は賢治に家業を継ぐことを希望し、賢治はそれに気が進まないものの、他に説得的な案を見出《みいだ》せないまま、指導教授であった関豊太郎《せきとよたろう》教授の勧めにしたがって研究生として母校に残ることとなる。また四月には父に反抗して徴兵検査を受けてもいる。一方、農林学校時代の親友である一学年下の保阪嘉内が、賢治も参加した同人雑誌『アザリア』で反体制的な言説を記したことが原因となって学校を除名処分になり、賢治は大きなショックを受けた。この年の賢治の書簡は政次郎あてのものと保阪嘉内あてのものが大半である。父あての書簡は堅苦しい候文で自分の希望を遠慮がちに訴えるものが多く、保阪あての書簡は対照的に口語の自由な文体で、保阪をなぐさめ、自己の心情を打ちあけ、同時にみずからの法華経《ほけきょう》信仰に強く誘っている。そのような状況のなかで唐突に記されるのがヴェッサンタラ太子の物語の断片なのである。

詩にもヴェッサンタラ太子は顔を出す。「一九二七、五、一」の日付をもつ詩篇「一〇五二ドラビダ風」の後半から抜き出す。

風は白い砂を吹く吹く
もういくつの小さな砂丘が
畑のなかにできたことか
汗と戦慄

牛糞に集るものは
迦須弥から来た緑青いろの蠅である
ヴェッサンタラ王婆羅門に王子を施したとき
紺いろをした山の稜さへふるえたのだ(16)

ここではヴェッサンタラ太子が子供を布施したことが記されている。しかしむしろ「山の稜さへふるえた」という語句にアクセントが置かれているように読めるのであり、それは「学者アラムハラドの見た着物」で「身の毛もよだち大地も感じて三べんふるえた」という本生譚中の奇瑞を強調していることと通じることのように思われる。

童話、書簡、詩とジャンルを隔てて引用・言及されているところをみると、とにかく宮澤賢治にとってヴェッサンタラ太子本生譚は忘れがたい仏教説話の一つであったと言ってよいだろう。

賢治がどのようにしてこの本生譚を知ったのかという問題については、伊藤雅子が周到な調査研究をおこなっている(17)。典拠としては『国訳大蔵経』第十二帙《ちつ》（大正七年二月二十八日発行）所収の「国訳弥蘭陀王《みらんだおう》問経」（山上曹源訳）、同じく『国訳大蔵経』第十三帙（大正七年六月十五日発行）の「国訳所行蔵、布施波羅蜜品《ぼん》第一、ヹッサンタラ所行品第九」（立花俊道《たちばなしゅんどう》訳）、また仏教協会編纂《へんさん》『新訳仏教聖典』（大正十四年七月発行）中の「吠《ベ》参多羅《サンタラ》物語」（おそらく赤沼智善《あかぬまちぜん》訳）が挙げられている。典拠と賢治のテキストとの対照検討および引用部の解釈は伊藤の論文に譲る。いずれにせよ賢治は当時の最新刊の国訳で経典を読み、リアルタイムで作品に取り入れていることが伊藤の調査からうかがえる。

考えておきたいのは、数ある本生譚の中でなぜこのヴェッサンタラ太子の物語に賢治は特別に惹《ひ》かれたのかということである。妻子をもたなかった賢治が、妻子を人に与えてしまう主人公が登場する本生譚になぜ執着したのだろうか。

その理由はにわかに理解はできない。ただし父王から国を追放され、布施行として妻子を喜捨するヴェッサンタラ太子本生譚は、なによりも「家族の絆《きずな》」を焦点化している物語である。そこに鍵《かぎ》があることはおそらくたしかであろう。

賢治の書いたものにはじめてヴェッサンタラ太子が登場するのは、右に示した大正七年の保阪嘉内あての手紙の中であった。上述したように、賢治は当時、卒業後の進路に思い悩み、父とたびたび書簡をやりとりしていた時期だった。父の希望と賢治の希望は嚙《か》みあわないが、賢治はこのときは断固として父の意向を退けて出奔するというような行動はとっていない。どこか遠慮がちでもどかしいのがこの時期の賢治の父あての書簡である。信仰の問題でも父と賢治は対立していた。しかしその方面でも賢治は父に対してまだ決然とした意志表明はしていない。

このようなとき、父王にそむいて白象を他国へ与えて父王から国を追放され、妻子をきっぱりと乞われるがままに与えてしまうヴェッサンタラ太子は、家族の恩愛をきっぱりと捨て去り菩薩の道につきすすむという点で、賢治にひとつの理想もしくは規範と見えたのではないか。ヴェッサンタラ太子は父王に追放され、妻子を捨てても、最後にはすべてを回復し、一段階高い次元に進んでいる。それはヴェッサンタラ太子にそれだけの求法の願いの強さと力があるからだ。だからこそ大地や山が震え、木の枝が自然とたわんで子供に果実を与えるという奇瑞が生じた……それにひきかえ自分はいったい何をしているのか。経済的にも信仰的にも父の膝下《しっか》を離れることができないもどかしさを抱える賢治にとって、求法のために決然とした意志で恩愛を断ち切るヴェッサンタラ太子は理想の姿に見えただろうし、そのおこないは奇瑞で大地が震動し果実の木の枝が自然と頭を垂れるに価するのも当然、と考えられたのだろう。

浜垣誠司《はまがきせいじ》は、宮澤賢治がヴェッサンタラ太子本生譚に固執した理由として、本生譚中の父母＋兄＋妹という家族構成がある時期までの宮澤家と同じであることを指摘しつつ、次のように述べる(18)。

賢治における自己犠牲は、他者を助けるという行為自体の目的とは別に、とにかく我が身を捨てたいという深層心理における衝動の表現でもあった。それは見田宗介《みたむねすけ》がすでに「焼身幻想」として分析している。それを念頭に置くと、ヴェッサンタラ太子がわが子を布施してしまうという話に賢治が惹かれるその背後には、「実は賢治は、父親から放逐されたいという無意識的な願望を抱いていた」という仮定を置いてみることができるのではないか。大正七年の賢治は家父長である父の人格的・社会的偉大さと「イエ」の論理、そして家族に対する深い愛情によって、「牢獄《ろうごく》」の中にとらわれの身になっていた。賢治は兵役によって家業から逃れることを図って徴兵検査を受けるが「第二乙種」と判断され願いはかなわない。そんなときに賢治は国訳でヴェッサンタラ太子本生譚を読み、もし自分の父親がヴェッサンタラ太子と同じことをしてくれたら、つまり子である自分を誰かに喜捨してくれたら「一石三鳥」（布施される相手への利益と、父親にとっての善根になるということと、子である自分が家という牢獄から解放されるということ）なのに……と考えたのではないか、という。

浜垣の見解は、賢治が自身をヴェッサンタラ太子によって喜捨される子になぞらえるものである。この見解も、大正七年に将来の進路をめぐって賢治と父親が強い葛藤《かっとう》（あるいは緊張）状態にあったときに本生譚を読んだがゆえに強く心象に刻まれたとするものであり、現実の状況と物語の設定が「家族の絆」という主題をめぐって重なるところがあったとする説である。

ヴェッサンタラ太子本生譚は、もともと中国にあっては薩埵王子本生譚と同じく儒教倫理の立場から許しがたい物語として、仏道批判の論点ともなっていた。[19] いっぽう大正七年の賢治は、六月二十日前後と推定される保阪嘉内あての書簡〔書簡番号七四〕で、保阪が母を亡くしたという情報の真偽をたしかめる文章に続けてみずからの母の苦労を記し、それに対して「かた意地な子供」である自分は何で酬《むく》いたらよいのかわからないと告白したあと、次のように書いている。

> 私の家には一つの信仰が満ちてゐます　私はけれどもその信仰をあきたらず思ひます。勿体のない申し分ながらこの様な信仰はみんなの中に居る間だけです。早く自らの出離の道を明らめ、人をも導き自ら神力をも具え人をも法楽に入らしめる。それより外に私には私の母に対する道がありません。それですから不孝の事ですが私は妻を貰って母を安心させ又母の劬労を軽くするという事を致しません。私は今一つの務を果す為に実に実に陰気なびくびくものの日を送ってゐます。[20]

人々の法楽のためには「不孝の事ですが私は妻を貰って母を安心させ又母の劬労を軽くするという事を致しません」――こう考えているまさにその時期に賢治はヴェッサンタラ太子の物語に出会ったのである。賢治は自分のみの個別なわずらいと感じていた家族との恩愛の葛藤が、はからずも仏典中の物語と連結される不思議を感じたのではないだろうか。そしてそれはかならずしも賢治の恣意的《しいてき》な思いこみではなく、恩愛と仏道との相剋という大きな文化的摩擦のうちに包摂されるできごとだったのである。

Ⅱ　創作された菩薩本生譚

「二十六夜」――疾翔大力本生譚

「二十六夜」は生前未発表で草稿が現存している作品である。複数回にわたる推敲がなされた形跡があるが、後にふれるように語彙《ごい》等の点で不統一な箇所も見られる。しかし作品の構成としてはほぼ首尾が整合しており、完成に近い段階であると判断される。草稿の状態及び推敲の過程については新校本全集第九巻校異篇に詳細が記述されている。成立年次は不明である。

「旧暦の六月二十四日の晩でした」という一文からテキストは開始される。題名である「二十六夜」とは、ある月齢の日に月がのぼるのを待つ「月待ち」の諸行事のひとつである。陰暦の正月と七月の二十六夜には逆向きの三日月が深夜から未明にかけてのぼり、そのとき月面に阿弥陀三尊が顕現するという伝承があった。「庚申《こうしん》待ち」と似た性格をもった行事で、近世には世俗化しつつ各地で盛んに行なわれた。

静かな夏の夜、北上川《きたかみがわ》のほとりの松林を舞台に、梟《ふくろう》たちが人間と同じように二十六夜待ちをするという作品設定である。松林の中でいちばん高い木のいちばん高い枝にとまった梟の僧侶《そうりょ》が、集まった仲間を前に経を唱えはじめる。

爾の時に疾翔大力《シツシヤウタイリキ》、爾迦夷《ルカヰ》に告げて曰く、諦に聴け、諦に聴け、善く之を思念せよ、我今汝に、梟鵄諸の悪禽、離苦解脱の道を述べん と。

爾迦夷、則ち、両翼を開張し、虔しく頸を垂れて、座を離れ、低く飛揚して、疾翔大力を讃嘆すること三匝にして、徐に座に復し、拝跪して唯願ふらく、疾翔大力、疾翔大力、たゞ我等が為に、これを説きたまへ。たゞ我等が為に、之を説き給へと。

疾翔大力、微笑して、金色の円光を以て頭に被れるに、その光、遍く一座を照し、諸鳥歓喜充満せり。則ち説いて曰く、[21]〔…後略…〕

一見、漢訳仏典の典型的な冒頭部を読み下したテキストのように見える。しかし作品中すぐに明かされるように「たしかにそれは梟のお経だったのです[22]」。経の中で法を説く「疾翔大力《しつしようたいりき》」も、聴聞する「爾迦夷《るかい》」も、梟もしくは同種の猛禽《もうきん》類なのであろう。疾翔大力は、猛禽類がみずからの生存のために作る罪業について経中でつぶさに語る。昼間自由に活動して夜はぐっすり眠っている小禽類《しようきん》を汝ら《なんじ》は（すなわちわれわれは）情け容赦なくその鋭い爪で捕え、引き裂いて貪り食《むさぼ》う。あるいは水田の温かい水の中で平穏に暮らしているタニシの類《たぐい》をいきなり引っつかんで貪る。そしてそのような悪業を犯しながらも、懺悔《ざんげ》の念など一切起こさない。

夜間に殺生を犯す梟たちも、逆に昼間は日光を怖《おそ》れ、人間や他の猛禽類に怯《おび》える。要するにこの世に生を享《う》けた以上、人間と同じく梟にも心安らぐ時間など一刻もない。生まれ変わってもふたたび梟の身を享ければ同じことの繰り返しだ……そのような内容の経を梟の僧侶は読誦《どくじゆ》する。

梟が唱えるこの経典は――「梟鴞守護章《きようしゆごしよう》」という名称（別の場面では「梟鴞救護章」）であることがすぐあとに告げられるが――もちろん現在の大蔵経の中には見出《みいだ》せない。すなわちこれは賢治が漢訳仏典の文体を模倣し、梟たちが読誦し聴聞する経典として創作した「偽経」なのである。

集まった梟たちは僧侶の唱える経文を身につまされて無言で聞いている。一節を誦《じゆ》しおわった梟の僧侶はつづけて講釈をおこなう。文体は高齢で高徳の僧侶が聴聞衆にむかって説経する語り口へと変化する。

たゞ今のご文は、梟鴞守護章といふて、誰も存知の有り難いお経の中の一とこぢや。たゞ今から暫時の間、そのご文の講釈を致す。みなの衆、ようく心を留めて聞かしゃれ。折角鳥に生れて来ても、たゞ腹が空いた、取って食ふ、眠くなった、巣に入るではなんの所詮もないことぢゃぞよ。それも鳥に生まれてたゞやすやすと生きるといふても、まことはたゞの一日とても、たゞごとではないのぞよ、こちらが一日生きるには、雀やつぐみや、たにしやみゝづが、十も二十も殺されねばならぬ、たゞ今のご文にあらしゃるとほりぢゃ。こゝの道理をよく聴きわけて、かならずうかうか短い一生をあだにすごすではないぞよ。(23)

「梟鵄守護章」という経典名から連想されるのは伝教大師最澄《でんぎょうだいしさいちょう》の『守護国界章』(八一八年)であろう。『守護国界章』は「守護章」と略称される場合もあり、日蓮の著作などにもしばしば引用される。そして日蓮には『守護国家論』(一二五九年)がある。こうした著作の名称が「梟鵄守護章」には反映していると見られる。(24) ただし内容において「梟鵄守護章」の直接の源泉になったと考えられるものは最澄の著作にも日蓮の著作にも管見では見出せない。むしろここでは同じく鳥類が主人公となる「よだかの星」と内容的に響きあうことに留意しておきたい。

さて、伝統的な仏教の「論」の形式に従い、僧侶は経文の語の一々についてその由縁を講釈しはじめる。まず、「疾翔大力」とは誰か。

> 疾翔大力と申しあげるは、施身大菩薩のことぢゃ。もと鳥の中から菩提心を発して、発願した大力の菩薩ぢゃ。疾翔とは早く飛ぶといふことぢゃ。捨身菩薩がもとの鳥の形に身をなして、空をお飛びになるときは、一揚といふて、一はゞたきに、六千由旬を行きなさる。そのいはれより疾翔と申さるゝ、大力といふは、お徳によって、たとへ火の中水の中、たゞこの菩薩を念ずるものは、捨身大菩薩、必らず飛び込んで、お救ひになり、その浄明の天上にお連れなさる、その時火に入って身の毛一つも傷かず、水に潜って、羽、塵ほどもぬれぬといふ、そのお徳をば、大力とかう申しあげるのぢゃ。されば疾翔大力とは、捨身大菩薩を、鳥より申しあげる別号ぢゃ。[25]

「施身《せしん》大菩薩」と「捨身《しゃしん》（大）菩薩」が統一されていないが、とりあえずここでは「捨身大菩薩」と呼ぶことにする。捨身大菩薩はもともと鳥身であった。菩薩となった今でも鳥の形に身を変えて空を飛ぶときはすばらしい飛翔《ひしょう》力を発揮するので「疾翔」であり、また危難に会ってこの菩薩を念じれば火の中水の中であっても救済に来てくださる、その神通力の故に「大力」でもある。「疾翔大力」とはすなわち捨身大菩薩を鳥類の側から見たときの別称なのである。

疾翔大力は、いったいいかなる来歴によって畜生である鳥の身から菩薩へ転生することができたのか。そこには尋常ではない因行があったにちがいない。梟の僧侶はその由来を次に語りはじめる。

疾翔大力はもと一羽の雀であり、南天竺のある家の棟に棲《す》んでいた。ある年、大飢饉が起こり鳥獣も人間もばたばたと倒れ、この世は親兄弟のみさかいもない餓鬼道のありさまとなった。雀であった疾翔大力はこの世のありさまをつぶさに見て、涙を流していた。

疾翔大力が棟を借りていた家には母と六つになるかならないかの子が暮らしていたが、そのふたりも明日にも餓死を待つ状態だった。この様子を上から見た疾翔大力は、「日頃の恩を報ずるのは今しかない」と思いたち、遠くの林まで飛んで親子の食を探した。

疾翔大力は林の中においしそうな十の木の実を発見して、非常な苦労をして木の実を家まで運び、親子のもとに落とした。ふと見ると、子はよろこんで実を食べているが、母はひとつも口にせず、いよいよ飢えに攻められて倒れんばかりのようすであった。


疾翔大力これを見て、はやこの上はこの身を以て親の餌食にならんものと、いきなり堅く身をちゞめ、息を殺してはりより床へと落ちなされたのぢゃ。その痛さより、身は砕くるかと思へども、なほも命はあらしゃった。されども慈悲もある人の、生きたと見てはとても食べはせまいとて、息を殺し眼をつぶってゐられたぢゃ。そのたう《たう》たう願かなってその親子をば養はれたぢゃ。その功徳より、疾翔大力様は、つひに仏にあはれたぢゃ。そして次第に法力を得て、やがてはさきにも申した如く、火の中に入れどもその毛一つも傷つかず、水に入れどもその羽一つぬれぬといふ、大力の菩薩になられたぢゃ。(26)

これは仏の因位《いんい》を語る前生譚ではなく、疾翔大力という「菩薩」の前生譚である。結末がややあいまいな形になっているが、発心した雀が捨身して飢えた親子の食となり、それが因となって仏とまみえ、次の生か、あるいは転生を繰り返したある段階で菩薩となったということである。もちろん菩薩はあくまで仏の因位であり、果位ではない。その意味でここで語られる説話は、厳密に言えば仏の前生である菩薩を主人公とした本生譚であるということはできない。また、ふつうの菩薩本生譚は六波羅蜜の実践として、誓願とともに捨身行為がなされる場合が多いのに対して、この話では、雀が捨身する直接の動機は、「日ごろの恩を報ずる」ためと記される。ふだんの棲みかとして棟を借りている、その恩に報いたいというのが雀の行為の動機なのである。その意味でも、大乗仏教の倫理である六波羅蜜を語る菩薩本生譚の型からははずれている。

しかし、雀＝疾翔大力が捨身によって畜生から菩薩へと位階が上昇しているのはたしかであり、また雀の行為を慈悲に基づいた布施行と読むことができるから、これを宮澤賢治が創作した本生譚と言ってよいのではないか。「南天竺」という設定自体が既存の本生譚を意識して創作していることを語っている。「飢えた衆生を救うためにみずからの身をさしだす」というモチーフは「捨身飼虎」で知られる薩埵太子本生譚、あるいは飢えた老バラモンの食となるためみずから火の中に飛び込む兎本生譚（ササ・ジャータカ）など多くの菩薩本生譚と共通するモチーフである。鳥を主人公とするものでは、兎本生譚と同じく、一羽の鴿《はと》が雪山で飢人のために焚《た》き火の中に飛び込む「鴿本生譚」が『大智度論』巻十一に見受けられる〔大正二五・一四三c〕。またこの説話は、小鳥が貧しい人々のために命を捨てるという点で、オスカー・ワイルドの「幸福な王子」*The Happy Prince*（1888）を彷彿《ほうふつ》とさせる。「幸福な王子」で捨身行為を行う主体は銅像の王子なのだが、銅像についていた宝石などを人々に届けるのは一羽の燕《つばめ》である。ワイルドは明治年間から日本に紹介されていたので、何らかの形で賢治が触れていた可能性もなくはない。興味深いことに、「幸福な王子」はもともと本生譚から着想を得たのではないかと上村勝彦《うえむらかつひこ》は指摘している(27)。

作品に戻れば、説経が終わったあと、三羽の子供の梟がふざけるさまが描かれる。兄弟である梟は元気がよく、父母から叱られる。一方、三羽の兄弟中の一番小さい「穂吉《ほきち》」と呼ばれる梟はおとなしく、説経もしずかに聞いている。休憩時間をはさんで、ふたたび梟の僧侶が枝にとまり、「梟鵄守護章」講説を再開する。もうすっかり説経に飽いている二羽の梟の兄弟はふたたびふざけだし、ついに仲間を離脱して「実相寺」の林に遊びに行こう、ということになる。

「穂吉」は誘われるが、兄たちにはついていかない。

次の日、穂吉は偶然から人間の子供に捕まってしまい、梟たちは悲嘆の淵《ふち》に沈んでいる。人間の家に囚《とら》われた穂吉の様子をさぐっては梟同士が心配する様子が描かれる。母梟は泣き、梟たちは口々にあれこれと善後策を議論する。

翌二十六日、穂吉は脚を折られた末に放される。梟の父母の所へ戻るが、理由なく穂吉の脚を折った人間に対する梟たちの怒りは激しい。梟の僧侶はそれをなだめて、また講釈をはじめようとする。

さあ、講釈をはじめやう。みなの衆座にお戻りなされ。今夜は二十六日ぢゃ、来月二十六日はみなの衆も存知の通り、二十六夜待ちぢゃ。月天子山のはを出でんとして、光を放ちたまふとき、疾翔大力、爾迦夷、波羅夷の三尊が、東のそらに出現まします。[28]

伝承の阿弥陀三尊が、梟の虚構世界では「疾翔大力、爾迦夷、波羅夷《はらい》の三尊」に変えられている。梟の僧侶が説経を続けるうちに、二十六夜の月がのぼる場面は美しい。空に上った月にけむりのようなものがたなびいて、そこに「金いろの立派な人が三人まっすぐに[29]」立っているのが見える。そして疾翔大力＝捨身菩薩がこちらに近づき、左手がこちらへ招くように伸びたかと思う瞬間、穂吉の息が絶える。穂吉は少し口をあき、かすかにわらった表情で息が絶えている。「よだかの星」「土神と狐」「なめとこ山の熊」などの作品に共通する結末、「臨終正念」のほほえみとして賢治童話にしばしば現れる往生の相である。

現存する「二十六夜」の草稿には洋紙の表紙がつけられ、そこには題名とともに、赤インクの大きな字で「どうも／くすぐったし」と記入されているという。(30)

賢治が「二十六夜」に対して「くすぐったし」という自己評価を下した理由はおそらく、教義的な講釈が作品の大きな部分を占めてしまったこと、結果として穂吉という梟の子供をめぐる物語と梟の僧侶が講釈する教義的な部分が分裂し、唐突な救済の場面によって作品を締めくくらざるを得なかったことに向けられていると考えられる。

しかしそうした自己評価にもかかわらず、漢訳仏典の文体で「梟鵄守護章」という「偽経」を創作し、さらにその講釈という形で梟の世界に仮託して本生譚を創作した点において、「二十六夜」は賢治の作品系列のみならず、わが国の仏教文学の中でユニークな位置を占める作品であると言ってよいだろう。賢治と本生譚とのかかわり、また近代文学の中での宗教テキストの再生という点でも注目すべき作品である。

蝎の火――「銀河鉄道の夜」

宮澤賢治には焼身という行為に対するオブセッションがあった。見田宗介がそれを「焼身幻想」という言葉で指摘していることには先に浜垣誠司氏の意見を紹介する中で少しふれた。焼身は捨身のひとつの形態であり菩薩の利他の観念と組み合わせて理解しがちだが、見田の重要な論点は、「焼身幻想」と自己犠牲とをはっきりと分け、賢治においては前者のほうが先験的に存在し、物語や理念はあとからつけ加えられたとしたことである。「燃焼死という手段は、じつは目的に先立って、あらかじめ無意識によって選ばれていたのであって、むしろこの死の形態こそが、それを必要とする「目的」とその情況とをひきよせていたのだ[31]」（傍点原文のまま）。要するに炎によって自己存在を消滅させたいとする「死への欲動（タナトス）」こそ賢治がもとから抱え込んでいたものであり、むしろそれが自己犠牲や菩薩の理念を呼びこんだとする考えかたである。

「よだかの星」のよだかは卑小な自己存在と生命連鎖の苦から逃れようとして、太陽や星のもとで焼身することを願う。焼身という手段をとる理由は、「私のやうなみにくいからだでも灼けるときは小さなひかりを出すでせう[32]」というものだ。太陽や星々に願いを拒まれたよだかはまっすぐに天上へ飛翔し、やがて自分の身体が「燐の火のやうな青い美しい光になって、しづかに燃えてゐる」のを見る。「そしてよだかの星は燃えつゞけました。いつまでもいつまでも燃えつゞけました／今でもまだ燃えてゐます[33]」。

身体が炎と化して燃え続けるというモチーフには、いうまでもなく賢治が親しんでいた『法華経』「薬王菩薩本事品第二十三」の一切衆生喜見《いっさいしゅじょうきけん》菩薩の故事が反映している。一切衆生喜見菩薩は「現一切色身三昧《げんいっさいしきしんざんまい》」を得た報恩のために日月浄明徳仏《にちがつじょうみょうとくぶつ》及び法華経を供養せんとして諸々《もろもろ》の香を服し、香油を体に塗ってみずからを燃やす。諸仏はその行為を讃嘆《さんたん》して次のように言う。

「善い哉、善い哉。善男子よ。これ真《まこと》の精進なり。これを真の法をもって如来を供養すと名づく。若し華《け》・香《こう》・瓔珞《ようらく》・焼香《しょうこう》・抹香《まっこう》・塗香《ずこう》・天の繒《きぬ》の幡《はた》・蓋《かさ》及び海此岸《かいしがん》の栴檀《せんだん》の香、かくの如き等の種種の諸の物を以って、供養すとも、及ぶこと能わざる所なり。仮使《たとい》、国城・妻子をもって布施《ふせ》すとも、亦及ばざる所なり。善男子よ、これを第一の施《せ》と名づく。諸の施の中において、最も尊く最も上《すぐ》れたり。法を以って諸の如来を供養するが故なり」と。

この語《みこと》を作し已りて、各《おのおの》、黙然たりたもう。その身の火、燃ゆること千二百歳、これを過ぎて已後、その身は乃ち尽きぬ。(34)

身体を燃やして諸仏や経を供養することは、「第一の施」であると述べている。注目すべきは、薬王菩薩本事品において、一切衆生喜見菩薩がみずからを燃やした身灯は永遠に燃え続けているのではないことだ。「燃ゆること千二百歳、これを過ぎて已後、その身は乃ち尽きぬ」。その火は千二百年という長い時間燃え続けるが、いつかは尽きるときが来る。「よだかの星」は「今でもまだ燃えてゐます」の一文で終わる。今でもまだ燃えているが、永遠ではない。この時間性は次に述べる「銀河鉄道の夜」の蝎《さそり》の火のエピソードに引き継がれている。

短時間のうちにみずからを炎で燃やす焼身という捨身の形態は、これまで論じてきた菩薩本生譚に感じられるような「血なまぐさい」イメージがない。中国・日本の高僧伝や「法華験記」には、法華経信仰の隆盛にともなって実際に苛烈《かれつ》な焼身行を行った僧侶の記録が数多く残されている。山折哲雄はそのような焼身行について「現実的には〈自死〉以外の何物でもありえない事態が、そのまま〈捨身供養〉という聖位に転換せしめられているのであり、したがってみずからの肉身を焼き尽くすという酸鼻な死臭がそこからは立ちのぼることがない[35]」と述べる。煩悩の母胎である生体を全体的に、しかも短時間で無機物へと滅却する点で菩薩行の捨身行為の中でも焼身は特異な方法であり、また燃えさかる炎は邪悪なものを一掃するイメージをもっている。若年から結核菌に苦しめられていた賢治の、身体的「清浄」への希求が「焼身幻想」に底流していたとしても不思議ではない。

ただし「よだかの星」の焼身は現世からの離脱を願った結果であり、薬王品にある諸仏供養や経典供養の目的、また何がしかの仏道的誓願や菩薩道としての利他的な動機は記されていなかった。仮に「星」への転生を「果位」とみなしても、「よだかの星」に大乗的な本生譚の結構がそなわっているとみなすことはできない。

「よだかの星」を引き継いだのは、「銀河鉄道の夜」の終わり近い部分にあらわれる「蝎《さそり》の火」のエピソードである。ジョバンニとカムパネルラ、そして途中で列車に乗り込んできた姉弟の四人が、窓外に見えるあざやかな「ルビーよりも赤くすきとほりリチウムよりもうつくしく酔ったやう[36]」に燃える火について話し合う中でその由来が語られる。


　「あれは何の火だらう。あんな赤く光る火は何を燃やせばできるんだらう。」ジョバンニが云ひました。

　「蝎《さそり》の火だな。」カムパネルラが又地図と首っ引きして答へました。

　「あら、蝎の火のことならあたし知ってるわ。」

　「蝎の火って何だい。」ジョバンニがききました。

　「蝎がやけて死んだのよ。その火がいまでも燃えてるってあたし何べんもお父さんから聴いたわ。」

　「蝎って、虫だらう。」

「え〻、蝎は虫よ。だけどい〻虫だわ。」
「蝎い〻虫ぢゃないよ。僕博物館でアルコールにつけてあるの見た。尾にこんなかぎがあってそれで螫《さ》されると死ぬって先生が云ったよ。」
「さうよ。だけどい〻虫だわ、お父さん斯《か》う云ったのよ。むかしのバルドラの野原に一ぴきの蝎がゐて小さな虫やなんか殺してたべて生きてゐたんですって。するとある日いたちに見附かって食べられさうになったんですって。さそりは一生けん命遁《に》げて遁げたけどたうとういたちに押へられさうになったわ、そのときいきなり前に井戸があってその中に落ちてしまったわ、もうどうしてもあがられないでさそりは溺《おぼ》れはじめたのよ。そのときさそりは斯う云ってお祈りしたといふの、
　あ〻、わたしはいままでいくつのものの命をとったかわからない、そしてその私がこんどいたちにとられやうとしたときはあんなに一生けん命にげた。それでもたうとうこんなになってしまった。あ〻なんにもあてにならない。どうしてわたしはわたしのからだをだまっていたちに呉れてやらなかったらう。そしたらいたちも一日生きのびたらうに。どうか神さま。私の心をごらん下さい。こんなにむなしく命をすてずどうかこの次にはまことのみんなの幸のために私のからだをおつかひ下さい。って云ったといふの。そしたらいつか蝎はじぶんのからだがまっ赤なうつくしい火になって燃えてよるのやみを照らしてゐる

のを見たって。いまでも燃えてるってお父さん仰《おつしや》ったわ。ほんたうにあの火それだわ。(37)」

ここで語られる「蝎の火」のエピソードを、賢治が創作した菩薩本生譚と言ってもよいだろうか。そのためには、捨身の行為に菩薩の理念がともなっているかどうか、またもうひとつは、本生譚というからには高次の存在に転生していることを記す「連結部」があるかどうかという点を確認する必要がある。

生きるものの逃れがたい食物連鎖のくびきから逃れ、身体が星となって美しく燃える存在と化す、というのは「よだかの星」と同じモチーフである。しかし、「よだかの星」には欠けているものがこの「銀河鉄道の夜」の蝎の火のエピソードには備わっている。それは「どうか神さま。私の心をごらん下さい。こんなにむなしく命をすてずどうかこの次にはまことのみんなの幸のために私のからだをおつかひ下さい」という蝎の言葉である。この生では実現できなかったけれども、来るべき生では「まことのみんなの幸のために」自分の身体を使用してほしい——これはまぎれもなく菩薩の理念としての利他の言表であり、一種の誓願であるとみなすことができる。「よだかの星」でよだかが願ったのは食物連鎖からのひたすらな離脱と自己消滅であり、そこに利他の観念は記されていなかった。その点ではこの「蝎の火」のエピソードは単なる「焼身幻想」の吐露ではなく、菩薩の理念を十分に引き寄せた説話となっている。

先の「二十六夜」の場合は、犠牲行為をした雀はその結果「疾翔大力」として転生した。いっぽう蝎は仏菩薩に転生したわけではない。しかし結果として星となり、あざやかな光を虚空で放ち続ける存在となった。衆生の果てしない苦の連鎖を脱して崇高な存在となったということを一種の「仏果」と捉《とら》えれば、これを本生譚特有の「連結部」の変種であると考えてもよいのではないか。

そうすると、この「銀河鉄道の夜」の「蝎の火」のエピソードを、賢治によって創作された菩薩本生譚としてよいだろう。飢えた老人の食として火の中に飛び込む兎本生譚（特に『大唐西域記』を介して日本に流入したバージョン）は、火の中に飛び込んだ兎の姿が最後に月にこめられることで人口に膾炙《かいしゃ》している。同じく、「銀河鉄道の夜」の作中世界の中では、「蝎の火」の自己犠牲行為はさそり座の赤く光る恒星アンタレスと不可分の形で伝承されているもののごとくだ。それは夜空に輝く星辰《せいしん》のイメージと結びついたあざやかな創作本生譚として、賢治が長い時間にわたって推敲を続けた代表作の掉尾《ちょうび》を飾っているのである。

「石炭袋」――捨身のゆくえ

「銀河鉄道の夜」の中で、「蝎の火」の正体があきらかになったあと、姉弟のふたりは去り、ふたりきりになったジョバンニとカムパネルラのあいだに次のような会話が交わされる。

「カムパネルラ、また僕たち二人きりになったねえ、どこまでもどこまでも一緒に行かう。僕はもうあのさそりのやうにほんたうにみんなの幸のためならば僕のからだなんか百ぺん灼《や》いてもかまはない。」

「うん。僕だってさうだ。」カムパネルラの眼にはきれいな涙がうかんでゐました。

「けれどもほんたうのさいはひは一体何だらう。」ジョバンニが云ひました。

「僕わからない。」カムパネルラがぼんやり云ひました。

「僕たちしっかりやらうねえ。」ジョバンニが胸いっぱい新らしい力が湧《わ》くやうにふうと息をしながら云ひました。

「あ、あすこ石炭袋だよ。そらの孔《あな》だよ。」カムパネルラが少しそっちを避けるやうにしながら天の川のひととこを指さしました。ジョバンニはそっちを見てまるでぎくっとしてしまひました。天の川の一とこに大きなまっくらな孔がどほんとあいてゐるのです。その底がどれほど深いかその奥に何があるかいくら眼をこすってのぞいてもなんにも見えずたゞ眼がしんしんと痛むのでした。[38]

唐突にあらわれる「石炭袋」はジョバンニの高揚に水をさす。しかしそれにも負けずにジョバンニは「きっとみんなのほんたうのさいはいをさがしに行く。どこまでもどこまでも僕たち一緒に進んで行かう」[39]とみずからとカムパネルラを励ますが、カムパネルラは別のところを見ていて、ふたりの視線が重なることはない。その直後、カムパネルラは姿を消し、ジョバンニは激しく胸を打って叫び泣き出すことになるのである。ふたりの訣別《けつべつ》の予兆を告げたのは「石炭袋」——天空に開いた「大きなまっくらな孔」である。この「石炭袋」とは何を意味するのだろうか。

前節で童話「学者アラムハラドの見た着物」中に登場するヴェッサンタラ太子本生譚を示したが、実はアラムハラドがこの本生譚を語ったあと次のような場面が続く。

> アラムハラドは斯う云ってもう一度林の高い木を見あげました。まっ黒な木の梢から一きれのそらがのぞいて居りましたがアラムハラドは思はず眼をこすりました。さっきまでまっ青で光ってゐたその空がいつかまるで鼠いろに濁って大へん暗く見えたのです。樹はゆさゆさとゆすれ大へんにむしあつくどうやら雨が降って来さうなのでした。[40]

ここでなぜ天候が急変する必要があるのか。いや、急に雨が降るにしても、「さっきまでまっ青で光ってゐたその空がいつかまるで鼠いろに濁って大へん暗く見えたのです」という思わせぶりな表現をなぜしなければならないのか。それは単なる天候の変化の描写を越えた何ものかの出現を示唆していると読み取らざるをえない。そして何よりこれは、「銀河鉄道の夜」の、あの「石炭袋」の描写と似ているのではないか。

それはただ眼をこすりたくなるほどの暗さ、というだけではない。「石炭袋」の場合は、ジョバンニの「僕はもうあのさそりのやうにほんたうにみんなの幸のためならば僕のからだなんか百ぺん灼いてもかまはない」という菩薩道の誓願の直後にあらわれる。そして「学者アラムハラドの見た着物」の不気味な雨雲は、ヴェッサンタラ太子本生譚が語られた直後にあらわれる。菩薩本生譚のあとに、とつぜん描写される深淵《しんえん》という布置において、ふたつは相似なのだ。深淵が出現するとカムパネルラは姿を消してジョバンニは絶望のあまり叫び号泣し、「アラムハラド」は作品そのものが中断される。この深淵＝「暗闇」は相当の破壊力を持った存在と言わざるをえない。

見田宗介は「銀河鉄道の夜」と「学者アラムハラドの見た着物」の双方に言及しながら、「自己犠牲というモラルをとりかこむ闇」ということを述べている。「〈自己犠牲〉という観念がおのれのまわりにひきよせてしまうこの闇は、ほんとうは〈自己犠牲〉という観念自体の内部に胚胎している闇の投影に他ならないのだ[41]」。「自己犠牲」を至上のものとするとき、ある種の「息苦しさ」がつきまとう。それは「犠牲」である以上、かならず「自己犠牲」はひとつの抑圧を内包していることに由来する。そしてその抑圧が「だれかの幸福のために」なされるという目的論的な図式からくる息苦しさである。賢治が本当に行こうとしたのは、この「息苦しさ」の彼方《かなた》にある「解き放たれた世界」ではなかったか、と見田は述べるのである。

この理解は統一的であるが、見田自身の理想の世界像に引きよせられてもいる。「自己犠牲」という観念が強いてくるところの、目的論的な図式に原因する息苦しさよりももっと深いもの、そしてもっと身体と精神にむすびついた直接的なものが「石炭袋」の表象の下には隠れているのではないか。

それは「死への欲動」のもつ攻撃性そのものではないだろうか。賢治作品に関連した語彙でいうならば、「闘諍《とうじょう》」をもっぱらとする「修羅」の世界である。

本書の序章において、菩薩本生譚は仏教が抑圧、もしくは解体したはずの「死への欲動」が回帰した産物ではないかという仮説を述べた。菩薩本生譚がともなう激しい捨身行為は内攻した攻撃衝動の回帰であるとみるのである。賢治が自分の内なる攻撃衝動に対して非常に敏感でありかつ意識的であったことは、たとえば「土神と狐」のような作品や書簡の随所にみてとることができる。自己を捨てようとする願望は、慈悲の観念と結びつく以前に、攻撃衝動と表裏一体のものなのである。

これまで見てきたように賢治は本生譚をさまざまな形で作品に取りこみ、またみずから創作しさえした。一方で賢治は菩薩本生譚における「捨身」が本質的にかかえこんでいる「死への欲動」とその攻撃性について、直観的に把握し、対峙《たいじ》していたのではないだろうか。だからこそ「銀河鉄道の夜」の中では「蝎の火」の物語のすぐあとにそれを「石炭袋」として出さざるを得なかったのだし、「学者アラムハラドの見た着物」でヴェッサンタラ太子本生譚を記述したあとに（おそらく心の深層がざわめくままに）不気味な黒い雨雲を描かざるを得なかったのだ。菩薩本生譚のもつ、そしてみずからがもつ攻撃性に対して賢治はひどく動揺する。それは賢治の弱点であったと同時に、みずからの矛盾を創作の糧とする文学者としてのすぐれた資質であった。

賢治作品の豊饒《ほうじょう》な世界のすべてをこうした「自己犠牲／攻撃衝動」の軸からみることにはもちろん無理がある。賢治はまさに反復強迫としてこの軸をくりかえしはしたが、その軸をまったく相対化するような作品世界――それは自己犠牲を必要とするような倫理の成り立つ以前の世界、もしくはそのような倫理がもはや必要とされない世界――も数多く書き残している。後者の代表作としてここでは、「セロ弾きのゴーシュ」を挙げておきたい。この作品が最晩年に「銀河鉄道の夜」とほぼ同時に執筆・推敲され、ほとんど絶筆といってもよい作品となっていることは注目に値する。そこでは、自己犠牲の対象となるような「他者」とは異なった他者像、もしくは世界像が姿を現しているように思えるのである。(42)

第五章　和辻哲郎における本生譚《ジャータカ》

「空想の過冗」としての本生譚

大正期の和辻哲郎にとって、インドの仏教説話である本生譚《たん》（ジャータカ jātaka）は、仏教思想を探究する際の、そして仏陀その人の事蹟《じせき》を考察しようとする際の夾雑物《きょうざつぶつ》でしかなかった。舶来の文献学の方法によって原始仏教に接近しようとする和辻の眼には、インドの文化と風土に強く彩られている本生譚は、あたかも行く手をはばむ蔓草《つるくさ》の繁茂のように見えた。

大正六年に『帝国文学』に書かれた「自然児が愛の宗教を産むまで——古代インド文化概説——」では、「荒唐に近いほど奔放な想像力を持ったインド人」「歴史的感覚の乏しいインド人」の産物である本生譚について、「われわれはただ眩惑するほかはない」(1)と述べる。また翌大正七年『思潮』に書かれた「インドの古芸術と仏像の出現」というエッセイでは次のように記している。

インドの空想の過冗は本生譚即ち仏陀の前生の物語において特に著しい。ここでは、あらゆる種類の比喩譚や神話が、何らの制限なく、また性格の統一を顧慮することもなく、仏陀の教説と相応する故を以て、仏伝の内に取り入れられるのである。たとえば釈迦が前生に体毛九色の鹿であった時、水に溺れようとする人を救ったとか、薩陀王子であった時、餓虎が飢饉に心荒んで子を食おうとしているのを哀れみ、これに自分の体を食わせたとか、すべて人心を動かすに足るような一つの契機を含んだ物語を、釈迦の行為に結びつけるのである。

この事は釈迦の教説を明らかにする上には非常に効力があったかもしれない。しかし釈迦の生涯を明確にする上には何の役にも立たぬ。強いてこれを釈迦の体験に結びつけて考えるならば、彼が日常見聞した種々の生物や人間の現象について、自己をその内に没入して感受し得た限りは彼自身の体験であったと見るほかはない。この意味においては、恐らく本生のすべては、彼自身の体験であったろう。けれども仏伝の記者たちは、輪廻の信仰の故に、好んで釈迦の生涯を無限の過去へ引きのばした。そうしてこの、時間を永久に現在たらしめる奇妙な気分に、彼らの特殊な愛着を示した。

本生譚は空想の過冗である。同時にインド人の特質を明白に指示するものである。(2)

「過冗」とは「過剰でありかつ冗漫」という意味であろう。「空想の過冗」という語には、ひとつの文化に対する和辻の否定的な価値判断があらわれている。釈尊の無数にわたる前生のエピソードを語るジャータカは、きわめて主観的な立場においては釈尊その人の心をよぎった体験的真実を何ほどか語っているかもしれないが、文献実証的な立場から釈尊と原始仏教の思想をあきらかにしようと企てている和辻にとっては、ほしいままな空想の産物であり、南アジア的な饒舌《じょうぜつ》であり、またそれは世界宗教である仏教の本質をむしろ見えにくくする以外のなにものでもなかった。昭和二年に博士論文として提出された『原始仏教の実践哲学』には、いうまでもなく本生譚については一言もふれられていない。

『風土』における本生譚

昭和二年に『原始仏教の実践哲学』を上梓《じょうし》し、約一年半のヨーロッパ外遊を経験した和辻はその経験をもとに代表作のひとつである『風土――人間学的考察』を昭和十年に上梓する。『風土』において和辻は世界の風土を「モンスーン」「砂漠」「牧場」というういささか単純な三つの類型に分類したことはよく知られているが、それはみずから経験した航路での身体感覚にもとづいた直観的な思考でもあった。日本・中国を含む「モンスーン」の風土は暑熱と湿気との結合を特性とし、その地域にすまう人間に「受容的」「忍従的」な構造を与えるという。類型としての「モンスーン」のもっとも典型的な実例として挙げられるのはインドであり、インドの人間においてモンスーン類型の「受容的」「忍従的」な人間の構造は、「歴史的感覚の欠如」「感情の横溢」「意力の弛緩」として規定されると和辻は述べる。[3] インド文化のモンスーン的特性の具体例として和辻が最初に俎上《そじょう》に載せるのは「ヴェーダ」であるが、次にインドの人間の想像力を示すために挙げたのはジャータカであった。

我々にインドの想像力の特性を最も強く印象するものは、本生譚である。そこではあらゆる生物が、すなわち人間を含めての「衆生」が、その共通の生において描かれている。神話的想像によって生じたあらゆる生き物――天上に住むもの、地獄に住むもの――のみならず家畜も野獣も昆虫も、すべて我々の生の場面である。我々は今人間にあっても次の世には牛として生きるかも知れない、また前の世には蛇であったかも知れない。従って今牛であり蛇でもあるものもかつては人間であり、また他日人として現われ得るものである。しからばこれらの衆生は、現象的形態においてさまざまに異なるにしても、本質においてはすべて同一でなくてはならぬ。現象的形態の相違はただ同一なる生のさまざまの運命を表現するに過ぎない。ここにおいて本生譚的想像は、人間の歴史を、すなわち人間にのみ限られた「生」の時間的な移り行きを根本的に撥無《はつむ》するとともに、「生」の空間的な移り行き、すなわち生のさまざまの変相を把捉《はそく》すると言える。ここに匍う蛇はかつて人であり牛であり鳥であり、そうして生のさまざまの愛と憎しみを体験して来たものである。現在蛇であることはこれらの過去によって決定されている。が、同様にあらゆる他の生物も過去の生によって現在の姿を決定されているのである。しからば過去のある時代を形作っていた衆生はそのままま現代を形作っている。ただ異なるのは個々の成員がその姿を変えていることだけである。衆生の現在の姿は過去の生を残りなく含んでいる。人は歴史的発展をたどる代わりにただ現在の姿の種々相をたどればよい。だからこの想像においては、道を横ぎる蛇のそぶりの内に、あるいは牛の眼の表情のうちに、その人間的なる過去の生をも読み取るのである。かくして人間の日常生活は、直感的にきわめて豊富な生に取り巻かれていることになる。一歩踏み出して蟻《あり》を圧殺したとき、彼はかつて人でもあった一つの生の運命に参与したのである。

かかる受容性の敏活、感情の横溢が、本生譚となって夢よりもはるかに夢幻的な世界を展開する。文芸的作品としての様式もまたこれに応じている。が、かかる様式の特に顕著な例としては我々はむしろ大乗の経典ををあぐべきであろう。(4)(傍点原文のまま)

長く引用したが、さきにあげた大正七年の記事のうちでは「空想の過冗」としてかたづけた本生譚を、ここではそれがもつ非時間性、非歴史性を解釈しなおし、「「生」の空間的な移り行き、すなわち生のさまざまの変相を把捉する」と積極的にとらえなおしていることがわかる。

『風土』の「序言」には、和辻における「風土性の問題」の考察のきっかけが一九二七年にベルリンでハイデガーの『存在と時間』を読んだことにあった経緯が語られている。ハイデガーが人間の存在構造をもっぱら時間性において把捉《はそく》することを「非常に興味深い」としつつも、「なぜ同時に空間性が、同じく根源的な存在構造として、活かされてこないのか」という疑問を抱き、そこにハイデガーの限界があるとしながら、「空間性に即せざる時間性はいまだ真に時間性ではない。ハイデガーがそこに留まったのは彼の Dasein があくまで個人に過ぎなかったからである」(5)と断ずる。『風土』第一章の「風土の基礎理論」で和辻が風土の自己了解における共同性（共同体性）を強調するのも不思議ではない。

ジャータカのもつ非時間性を空間的にとらえなおすとき、無数の説話は「生のさまざまの変相」と変化し、この現在の一瞬が無数のかつて生きたものたちの声に取り囲まれることになる。この「本生譚的想像力」の抽出は大正期の和辻のジャータカ理解からはあきらかな進展を示している。引用部最後に記された「夢よりもはるかに夢幻的な世界」という評語も印象的である。「夢幻的」とはさまざまな意味をもちうる語であるが、「空想の過冗」よりはよほど肯定的な評価であると言ってよいだろう。

「苦しむ神」と本生譚

和辻が晩年まで関心をもちつづけたテーマのひとつに、日本の中世から近世にかけて成立した宗教説話にみられる「苦しむ神」「蘇《よみがえ》りの神」がある。和辻は戦後発表した「埋もれた日本――キリシタン渡来時代前後における日本の思想的情況」(『中央公論』一九五一年三月号)でこれについて詳しく述べている。室町時代の民衆の思想を考える手がかりとして寺社縁起を挙げ、そこで出会った驚くべき内容として、「苦しむ神」「蘇りの神」の主題を、熊野権現の縁起である「熊野の本地」、厳島《いつくしま》神社の縁起である「厳島の縁起」、伊予《いよ》の三島《みしま》明神の縁起である「みしま」を取り上げて具体的に指摘してゆくのである。

「熊野の本地」のあらすじを簡略に述べれば、天竺の王妃「五衰殿の女御」が他の妃《きさき》におとしいれられて山中で王子を産み落としたのち斬首《ざんしゅ》されて殺される。王子は首なき母后の乳を吸い、山の獣たちに守護されて成長し、最後は父王にめぐり会って王位を継承し、天竺を避けて日本国の熊野に飛来し、権現となったというものである。

しかし「熊野の本地」の異本の中には、山中で首を切られた王妃が王子の愛慕の念によってよみがえり、ともに日本国へ飛来して、母后が熊野の権現になったという筋のものもあるという。続けて和辻はこう述べる。

奈良絵本には、首から血を噴き出しているむごたらしい妃の姿を描いたものがある。これを霊験あらたかな熊野権現の前身としてながめていた人々にとっては、十字架上に槍あとの生々しい救世主のむごたらしい姿も、そう珍しいものではなかったであろう。(6)すなわち和辻は日本の室町時代の宗教説話に、キリスト教を受容した当時の文化の下地を見いだそうとしているのだが、ではそのような日本の「苦しむ神」「蘇りの神」の観念は、どこに源泉をもつのだろうか。

わたくしはこういう物語がどういう源泉から出て来たかは知らないのである。物語の世界がインドであるところから、仏典のどこかに材料があるかとも思われるが、しかしまださがしあてることができぬ。物語自体の与える印象では、どうも仏典から来たものではなさそうである。死んで蘇る妃は、「十二ひとへにしやうずき、紅《くれなゐ》のちしほのはかまの中をふみ、金泥《こんでい》の法華経の五の巻を、左に持たせ給ふ」などと描かれている。これは全然日本的な想像である。のみならず、苦しむ神の観念は、仏典と全然縁のないらしい、民間説話に基づいた物語のなかにも現われている。そうなるとこの観念は、日本の民衆の中から湧き出て来たと考えるほかないのである。(7)

ここで和辻は「仏典のどこかに材料があるかと思われるが」と言いつつ、最後は「苦しむ神」の源泉が日本の民衆それ自体にあったと考えようとしている。しかし彼は最初からそのように考えていたわけではなかった。

和辻がこの「苦しむ神」のテーマに関心を抱きだしたのが正確にはいつ頃からだったのかはわからないが、雑誌『改造』昭和十五年一月号で「日本文化の検討」と題して、和辻哲郎、柳《やなぎ》田《た》国男《くにお》、今井登志喜《いまいとしき》、長谷川如是閑《はせがわにょぜかん》、大西克礼《おおにしよしのり》の五人による座談が行われていて、その中で和辻は「熊野の本地」に言及し、その源泉について柳田国男にたずねている。そのくだりを以下に引用する。

和辻　愉快なばかりでなく、私は就中《なかんずく》熊野本地、――横山重《よこやましげる》君が刊行した本で――熊野本地ばかりでありませんが、あの本を読んで非常に面白かった。ただ、ああいう話に粉本があるものかどうか私は知らない。例えば、首の無い女が子供を哺育《ほいく》している、ああいうものは何処《どこ》かに種本がありますか？

柳田　さあ、どうでしょうな。そういう話は、余り事が奇だから、事に依《よ》るとあれが初めかも知れません。

和辻　あの話は実に惨《むご》たらしい。尤《もっと》も惨たらしい目に遭《あ》うのは実は神様なのです。神の子が惨たらしい目に遭うのは、基督《きりすと》が代表的なんだが、基督のようなあのアイディアが熊野本地にあるかと思うのです。どっから来たかそいつは判らないけれど。誰かに訊きたいと思っていたが、この間宮地（直氏）さんに聞いたら、知らん……と。仏教の本生譚に詳しい人に訊いてみたいと思っています。(8)

和辻はここで、「熊野の本地」のような「苦しむ神」の説話の源泉について、「仏教の本生譚に詳しい人に訊いてみたい」と述べており、この時点においては、本生譚の影響を直観的に予想していたことがわかる。

このあと、和辻が実際に「本生譚に詳しい人」に訊《たず》ねたのか、あるいはどれくらい源泉の調査をしたのかどうかはわからない。そして十年後の「埋もれた日本」においては、さきほど見たように「どうも仏典から来たものではなさそうである」「苦しむ神の観念は、仏典と全然縁のないらしい、民間説話に基づいた物語のなかにも現われている。そうなるとこの観念は、日本の民衆の中から湧き出て来たと考えるほかないのである」という結論を得ている。「熊野の本地」を代表とする縁起物にあらわれる「苦しむ神」のイメージに衝撃を受けた和辻はすぐさまその類縁として本生譚を想起しつつ、太平洋戦争をあいだに挟んだ十年後には、その類縁性を否定しているのである。そしてその後、和辻の著作に本生譚の語が出ることはなかった。

「慈悲」の起源

「埋もれた日本」に引き続いて一九五二年に上梓された『日本倫理思想史』下巻においても、第四篇第五章「室町時代の物語に現われた倫理思想」において、「熊野の本地」「厳島の縁起」「みしま」を題材に、ほぼ「埋もれた日本」と同様の議論を和辻は展開している。すなわち室町時代の寺社縁起にみえる「苦しむ神」「死んで蘇る神」のテーマは日本の民衆の体験を源泉としているのであって、けっして異文化由来のものではないという趣旨である。

『日本倫理思想史』のなかでは、「死んで蘇る神」の概念が出るのは「室町時代の物語に現われた倫理思想」の章が最初ではない。すでに上巻第一篇「神話伝説に現われたる倫理思想」の第三章「祭祀的統一にもとづく道徳(清明心の道徳)」でその文言があらわれている。日本神話の神々の「慈愛」のふるまいを旧約聖書の「ヤーヴェの神」と比較しながら吟味したのちに、とりわけオオクニヌシの物語をとりあげて、「だから大国主の神の物語は、我意を没して慈悲と忍従を行なうものにあらゆる情愛が周囲から集注する話であると言える」と記し、続けてこう書いている。

このような物語が仏教の慈悲の思想を受け容れる前にすでに神の物語として結晶していることをわれわれは軽視してはならない。前に言ったヤーヴェの神を愛の神に転化せしめたものは、死んで蘇る救世主であった。その死んで蘇る愛の神はすでにここにも物語られているのである。(9)

「死んで蘇る救世主」「死んで蘇る愛の神」の語はあきらかに室町期の日本の説話とキリスト教との比較から発想されたもので、それはすでに見たごとく和辻が戦前に見出《みいだ》していた概念であった。ここではその発想をオオクニヌシにまで拡大しているのである。意図は引用した部分にあきらかであろう。すなわち戦後まもなくの和辻は、「慈悲という倫理が、仏教渡来以前にすでに日本にあったのだ」ということを主張したかったのである。そしてその「慈悲」は外来の宗教思想を受けとめる基盤となった、ということをも。『日本倫理思想史』上巻第三篇「初期武家時代における倫理思想」の第五章「慈悲の道徳」は、親鸞、栄西《えいさい》、道元《どうげん》、日蓮といったいわゆる鎌倉新仏教の祖師たちを論じるが、最初に鎌倉新仏教を概括して、「武士の社会に献身の道徳が創り出されたのと相応じて、ここでは普遍的な慈悲の道徳が力強く挙揚されて来たのである」(10)と述べる。ここで言う「普遍的な慈悲の道徳」とは、「仏教渡来以前から日本人が有していた、普遍的な慈悲の道徳」と読める。そのような慈悲を体《たい》として数世紀にわたって外来宗教を受けとめ、消化したときに「この時代の最も大きい業績[11]」である新仏教が生み出されたということであろう。

このような、日本文化理解における慈悲の普遍化、もしくは外来の宗教を受けとめる基盤としての慈悲の普遍化をいかなる経緯をたどって和辻が抱くようになったのかはここでは問わない。提起しておきたいのは、このような「日本文化における慈悲の普遍化」こそが、一九四〇年の段階では「熊野の本地」のような縁起物語の源泉として本生譚を想起しながら、十年後には「日本の民衆の中から湧き出て来た」とする結論を導いた背景にあったのではないだろうかということである。この十年間の変化のうちには、異文化からの影響を直観しながらも抑圧した機微が隠れていないだろうか。そしてその抑圧を、和辻自身は意識的・無意識的に自覚していたのではないだろうか。

「阿弥陀の胸割」

『歌舞伎と操り浄瑠璃《じょうるり》』(『日本芸術史研究第一巻』)が刊行されたのは和辻が亡くなる五年前、一九五五年である。その「序」において和辻は研究の端緒となった動機を次のように語る(傍点は原文のまま)。

現在、歌舞伎の舞台に上演せられる諸種の戯曲のなかで、特に大物として重んぜられている一類がある。『菅原伝授手習鑑《すがわらでんじゅてならいかがみ》』『義経千本桜』『仮名手本忠臣蔵』『妹背山婦女庭訓《いもせやまおんなていきん》』『伊賀越道中双六《いがごえどうちゅうすごろく》』『一谷嫩軍記《いちのたにふたばぐんき》』『鬼一法眼三略巻《きいちほうげんさんりゃくのまき》』などのような、いわゆる浄瑠璃劇である。ところで、これらの演劇において舞台上に作り出されてくる世界、すなわち想像力によって作り上げられた世界には、一種独特な、不思議な印象がある。それはただ現実の世界を芸術的に再現したというにとどまらず、何か現実と異なったもの、といって単に非現実的あるいは夢幻的であるのではなく、むしろ現実よりも強い存在を持ったものを作り出しているように見える。そういう意味でエキゾーティックな（外から来たものらしい）珍しさや、超地上的な輝かしさが、そこに感ぜられるのである。そういう不思議な印象は一体どこから生じたのであろうか。[12]

歌舞伎の中の浄瑠璃劇には「不思議な印象」がある、という。それは現実の再演ではなく、「現実と異なったもの」である。かといってそれは夢幻的――この言葉は、『風土』にあった本生譚への評語「夢よりもはるかに夢幻的な世界」を思い起こさせる――なのではなく、「現実よりも強い存在を持ったもの」である。そしてそれに伴う印象を「エキゾーティックな（外から来たものらしい）珍しさ」、「超地上的な輝かしさ」と言いなおし、それが「どこから生じたのであろうか」と問いかけ、一巻の主題を提出するのである。「現実よりも強い存在を持ったもの」「超地上的な輝かしさ」とは、ほとんどジャンルを超えて舞台芸術全般の魅力を語る言葉と言ってよいだろう。しかし「エキゾーティックな（外から来たものらしい）珍しさ」とは何だろうか。なぜ和辻はここに「エキゾーティック exotic」というカタカナ言葉を用いているのだろうか。

『歌舞伎と操り浄瑠璃』の中では、この「エキゾーティックな（外から来たものらしい）珍しさ」についてはどこにも具体的な説明がされていないとしか思えない。すなわち何が「外」なのかは特に論じられていないのである。しかし、「エキゾーティックな（外から来たものらしい）珍しさ」と並列して使われている「超地上的な輝かしさ」に似た文言がもういちど使われている箇所がある。それは第二篇「操り浄瑠璃の発展過程」第二章「阿弥陀の胸割」の末尾である。

古浄瑠璃「阿弥陀の胸割」のあらすじを簡略に述べれば以下のようである。

昔、天竺の吠舎釐《びしゃり》国の「えんたの庄」の「かたひらの里」というところに、「かんし兵衛《びょうえ》」という長者が住んでいた。不思議な七つの宝をもつ長者には子供がふたりいて、姉が天寿《てんじゅ》といい七歳、弟は「ていれい」といい五歳であった。

ある時、長者は「自分には後世を願うということが必要ないのであるから、いっそのこと悪をなして遊ぼうではないか」と思い立ち、仏法に反する数々の悪行を行った。

　これを見た釈尊は長者の悪行を阻止しようと企て、第六天の魔王たちに頼んで、長者を魔道に堕《お》とした。

　あとに残った天寿とていれいの姉弟は物乞《ものご》いをして何とか成長していった。父母の七年忌をむかえたとき、弟は姉にむかって、「親の菩提《ぼだい》を弔いたいが、わたしたちには何もできない。どこかでこの肉身を売って金に換えようではありませんか」と提案する。ふたりは身を売る場所をもとめて、波羅内《はらない》国の「あららの庄」に着いたのだった。

「あららの庄」の阿弥陀堂で夢告を得た姉弟は、それにしたがって「をきの郷ゆめの庄」に赴き、「大まん長者」を訪ねる。大まん長者の一人子の「松若殿《まつわかどの》」は難病を患っていた。天竺の博士は、治療法としては同じ生年月日の姫君の生き胆を「延命水」で七十五度洗い清めて与えるしかない、という。長者は姫君を探し求めたが得られない。

「大まん長者」は尋ねてきた姉弟の天寿が条件にかなう姫君と知り、その身を買い取ろうとする。事情を知った天寿は身を売ろうと決意し、親の菩提を弔うために光堂を建てて阿弥陀三尊を作りこめることを長者に願う。たちまちに光堂を建てた長者にさらに弟の行く末を頼んだ天寿は、弟を安心させたあと、生き胆を取らせたのであった。生き胆は功を奏し、松若の病は平癒した。

さて大まん長者たちは天寿の死骸《しがい》を弔おうとすると、血潮だけ残り、骸《むくろ》がない。光堂に来てみれば、姉弟は手を取り合ってぐっすり眠っている。仏間を開けてみると、本尊の阿弥陀像の胸が割れて、真っ赤な血潮が流れ出ているのであった。天寿はその後、長者の松若の嫁となり、弟のていれいは出家を遂げた。[13]

和辻はキリスト教の「十字架上の血みどろの救世主の姿」が「阿弥陀の胸割」に影響したかどうかはわからない、としながら、「影響のあるなしにかかわらず、これらの血みどろの姿がいずれも深い愛の表現であることに変わりはない[14]」と述べ、影響関係よりはむしろ、「阿弥陀の胸割」の複数回の上演記録が残っている慶長十九（一六一四）年という時期に着目し、室町時代の縁起物語における「苦しむ神」「死んで蘇る神」の潮流を引き継ぐものとして血まみれとなった阿弥陀の姿を理解しようとしている。

そして和辻は当時の聴衆の心境を想像し、次のように書く（傍点は原文のまま）。


この人形の振りを眼に見、浄瑠璃の節に耳を傾けつつ、天寿の姫のいたいけな決意に同情している人々の心には、湧然として一種の陶酔の気持ちが起こり、何らか日常の光と異なった光に輝いている世界が開けて来たことであろう。[15]

「何らか日常の光と異なった光に輝いている世界」――これは『歌舞伎と操り浄瑠璃』の「序」に出る「何か現実と異なったもの、といって単に非現実的あるいは夢幻的であるのではなく、むしろ現実よりも強い存在を持ったもの」のほぼ言い替えといってよいだろう。「阿弥陀の胸割」はそれほど強い印象を和辻に与えた曲であり、和辻はそこに、坂部恵《さかべめぐみ》の言葉を借りれば、「民衆の構想力の深層における、新来のキリスト教と在来の日本文化との真の雑種文化の生成のすくなくとも可能性を見とどけていた[16]」ということもできる。

だが和辻は「阿弥陀の胸割」の非日常的な輝きについて熱をこめて語りはすれども、「序」の「エキゾーティックな（外から来たものらしい）珍しさ」という文言にあった「外」については特に説明はしていない。ここでの「外」はあくまで「十字架上の血みどろの救世主の姿」であって、それと日本の民衆の想像力とが驚くべき類似を見せることに主眼が置かれているのは、「埋もれた日本」での文章の運びとまったく同様である。

「エキゾーティック」なもの

現在では、「阿弥陀の胸割」の素材として中世の法会唱導の場で形成された説話が指摘され、キリスト教の演劇や聖人伝の影響もあらたな視点から検討されようとしている。(17)ただここで和辻が感動した視点に立ちもどるならば、「阿弥陀の胸割」のクライマックスを形づくるのは何よりも姉の天寿が親の菩提のため、そして病に苦しんでいる他者のためにわが身体を犠牲にしようとする決意であり、またその天寿の身代わりとなって血を流す阿弥陀仏の奇跡なのである。いわば複合した自己犠牲行為である天寿の「捨身」と阿弥陀の「代受苦」とが「阿弥陀の胸割」の劇的頂上を形づくっているのだが、このようなモチーフこそ、まさに本生譚が豊富にもつものではなかったか。餓えている衆生、病んでいる衆生のために身体を惜しげもなく捧《ささ》げる説話は菩薩《ぼさつ》本生譚に数多い。生き胆譚の源泉のひとつとして――「猿の生肝」は今は措《お》くとして――たとえばわが国の『今昔物語集』巻二第四に取り入れられた、『大方便仏報恩経』巻三に出る忍辱太子本生譚（瞋恚《しんに》を起こしたことのない人間の眼と骨髄が必要な重病にかかった国王に、太子が身を捧げる話）をあげることができる。(18)またこれも肝ではないが、『大智度論』巻十二には、「癩《らい》」に苦しんでいる患者の特効薬として、やはり生まれてから一度も瞋恚に駆られたことのないみずからの血髄を塗り、飲ませる捨身行を行った月光太子本生の話が載る。

本地物語や操り浄瑠璃の源泉を単純に何か特定の本生譚に還元することはもとより不可能だが、中世以降さまざまな形態の芸能や語りに分岐していった物語の中には、もともとは漢訳仏典に載ってやってきた天竺種の仏教説話の多様なモチーフが変形・解体されて埋めこまれていることはまちがいない。そして和辻は確実にその響きを聞きとり、その影響を直観的に感じ取っていた。昭和十五年の柳田国男たちとの座談で「本生譚に詳しい人に訊いてみたい」と発言した和辻は、率直に自分の直観を表明していたのだとしか思えない。しかしのちの和辻は、物語を生成した主体があくまでも日本の民衆の想像力にあると強調する立場にわが身を置いた。だが一方で、「外」から来たものの素材の響きなしでは、けっして「超地上的な輝かしさ」が成立しないことも直観的にわかっていたのだと思う。その矛盾、そして逡巡《しゅんじゅん》が和辻をして、謙虚とも、あるいは婉曲《えんきょく》な表現とも言える「エキゾーティックな（外から来たものらしい）珍しさ」という表現を記させたのではなかっただろうか。

終章

日本における菩薩本生譚

序章で述べたように、「玉虫厨子」須弥座《しゅみざ》の絵を例外として、日本には本生図がほとんど存在しないというのが美術史の定説になっているようである。(1) 一方で本書で見てきたように、過去の文学や宗教の文献には、少なからぬ数の菩薩《ぼさつ》本生譚《たん》が引用され、言及され、再話されている。

複数の様態の摂取や継承のしかたが同時に存在したので、わが国の文化が菩薩本生譚をどのように受容したかを一義的に述べることはむずかしい。漢訳の経典や論書から引用される場合もあれば、『大唐西域記』のような史伝からその概要が伝わる場合もあった。ひとつのまとまった話(「完形説話」)として再話される場合もあれば、それとは別の次元の一種の「語り」のレトリック(「標題説話」)として語られる場合も多くあった。後者は前者の要約であるという関係ではかならずしもない。日蓮などはむしろレトリックとしての菩薩本生譚を活用した仏教者であった。完形説話も、シビ王本生譚を例に取れば、六波羅蜜《ろくはらみつ》を示す説話として機能する場合(『三宝絵』など)もあれば、動物説話として語られる場合(『金言類聚抄』など)もあり、また「代受苦」の文脈で再話される場合もあった（『三国伝記』）。おそらく、多様な語りの場で、さまざまな文脈と形態で本生譚が再話されたことだろう。

菩薩たちの激しい捨身行為は、おおむねその身体毀損《きそん》の表現を和らげた形で再話された。少なくとも身体を喜捨する行為がさらに詳細に表現されるというような例は見あたらない。そこには文化的変容――とりわけ身体加工をめぐる文化的差異――が想定できるが、序章で述べたように、もし菩薩本生譚が仏教の歴史の中で回帰した「死への欲動」を内にはらむものであるならば、その変容の道筋は、菩薩本生譚のもつ自傷性と攻撃性――さらにいえば仏教の「捨身」がはらむ攻撃欲動――をわが国がいかに受けとめ、消化／昇華しようとしたかを示すものである。

第二章で記したように、遣唐使の廃止以前、「天竺」「西域」は中国を中継地としてある程度のリアリティを有する地域であった。現実の交通路が閉ざされた院政期以降に仏教の始原を求める釈迦信仰が勃興《ぼっこう》するが、「天竺」「西域」は現実的な地理認識から遊離し、観念的な次元での憧憬を表象する「西域幻想」へと変化してゆく。その中で菩薩本生譚は変容・解体を受けつつも個別の文脈の中に再生する場合があった。第三章に扱った明恵の伝記はその一例として見てよいだろう。また中世の信仰世界にあっては、菩薩本生譚の諸モチーフが神仏の起源を語る本地物語の成立に影響を与えた可能性がある。溶解し連結し合う物語の混沌《こんとん》の中から、やがて

第五章でふれた「阿弥陀の胸割」や、日本的な仏伝文学の成立と絡み合いながら第一章で言及した近松門左衛門「釈迦如来誕生会」の中の印象的なシビ王本生譚の換骨奪胎のごときが生じてくる。「釈迦八相物語」のような日本化した仏伝の中で菩薩本生譚が語られるあり方は幕末まで引き継がれた。

近代以降は専門家を除いて菩薩本生譚は縁遠くなったように見えるが、仏教を糧とする知識人や文学者にはときに大きな影響を与える潜勢力を失ってはいなかった。第四章で扱った宮澤賢治の生涯と作品はそのあらわれを代表する例と言ってよいだろう。現代における仏伝文学の傑作といってよい『ブッダ』を創作した手塚治虫は——近世仏伝の多くと同じく——菩薩本生譚を随所に配することによってエンターテインメント性とメッセージ性を兼ねそなえた仏伝を作りだしている。

昭和初期からアジア太平洋戦争にかけての時期、国家主義的な、もしくは戦時体制に協力的な言説の中で「菩薩道」「不惜身命」の語が用いられる場合があった(2)(たとえば満州で思想結社「大雄峯会《だいゆうほうかい》」を率いた笠木良明《かさぎよしあき》)。しかしそのような場合に菩薩本生譚がなんらかの形で語られたという例は、管見の限りでは見出《みいだ》せていない。

次には、菩薩本生譚のわが国における受容を考える際に見逃すことのできない、しかも五章まではまとまって言及できなかった論点を三つ挙げておきたい。

菩薩本生譚と孝子譚

菩薩本生譚の記事を調べていて気づくことのひとつに、しばしばそれが孝子譚と隣接していることがある。

第一章において、「標題説話」の例として『東大寺諷誦文稿』を引用した。「雪山の童子は八字の為に命を羅刹に施せり。薩埵王子は菩提の為に身を餓虎に捨てたり」というものだったが、この文言は文脈として、亡親追善のために薬師如来を供養し、「法華八講」を行った法会における表白の中に出るものであった(3)。そして薩埵王子の故事のあとには、「四恩の中に報ゆること難く、窮むること難きは、父母の恩には過ぎじ。所以に須闡太子は身を割《ほふ》りて父母が命を済《すく》ひたまひ、忍辱太子は眼を穿ちて父の公《きみ》の病を療《いや》せり(4)」と、父母を救うために捨身を行じた菩薩本生譚をふたつ持ちだしたあと、「恩を忘れずその徳を荘厳することは菩薩の「雅」な行いであり、一方、恩を忘れその徳を忘れることは凡夫の「陋」なる行い」であると述べ、次のように孝子譚が標題説話として語られる。

丁蘭は木を彫《きざ》みて母と為《せ》り。重尺は石を鑿《え》りて父と為《せ》り。曹娥は肝を砕き水に入りて父が尸を探《さぐ》れり。會稽は血に哭き墓を旋りて父が骸を覓めたり。宏提は官の奴と作《な》りて父が罪を購ひたり。董永は身を売りて父の尸を葬《はぶり》せり。重華は盲《めし》ひたる父を償《おひも》て歴山に耕《たかへ》して盲ひたる父を養ふことを作《な》せり。畢悽は寺の側に舎《や》を作りて老母を求め養へり(5)

ここで述べられているのは『孝子伝』や『二十四孝』に見える孝子譚の内容を標題的にまとめたものである。孝子譚の内容を詳述することは今は措《お》くが、菩薩本生譚と孝子譚が連続して語られていることに注目したい。

同じく第一章で七巻本『宝物集』巻六に見えるシビ王本生譚と薩埵王子本生譚との標題説話の例を出した。これが出るのは「施」「檀波羅蜜」の文脈なのだが、その前段部では父母孝養の説話、親が子を思うときの和歌が数多く引用されている。

菩薩本生譚が孝子譚と隣接するのは室町時代の物語化した『釈迦物語』でも同様である。重《ちょう》華《か》や郭巨《かくきょ》といった孝子の事跡が語られたあとに、シビ王や薩埵王子や雪山童子の名前が出る展開がある。(6)『曾我物語』(十行古活字本)の巻七には「斑足王《はんそくおう》」の物語として知られる本生譚が語られたあと十郎《じゅうろう》と母との親子問答になり、母のせりふの中で標題説話化した孝子譚が語られる(傍線は引用者による)。

母きゝて、「なんぢらは、親のよきを申《まうし》あつむるかや。いで又、みづから、子の孝行なる事をいひてきかせん。孟宗は、雪のうちに筍《たかんな》をゑ、王祥は、氷の上に魚をゑ、くわけんは、眼をぬき、おんせうは、耳をやき、ちそくは、足をきる、せんめむは、舌をぬき、くわそくは、歯をほどこし、くはふめいは、身をあたへ、めうしき、子をころす。これみな、孝行のためならずや。[7]

孝行のために筍《たけのこ》をもとめては雪の中をさまよい、魚をもとめては氷に身を横たえ、眼をえぐり、耳を焼き、足を切り、舌を抜き、歯をほどこす……これはほとんど菩薩本生譚の捨身行為と見分けがつかない。

菩薩本生譚と孝子譚が接続する現象は中国に発している。

稲本泰生は雲岡石窟《せっくつ》について、薩埵王子などの激しい捨身行為を内容とする説話図は第七窟《くつ》で顕著にみられるものの、第九・十窟では過激な自己犠牲の物語は影をひそめ、日常的な修善の奨励に連なる図像が目立つようになり、儒教的な「孝」の観念に適合する本生譚が選ばれるようになると述べる。[8]その代表が「睒子《せんし》」本生譚——パーリのジャータカでは「サーマ」(No.540, Sāma-jātaka)、『マハーヴァスツ』では「シュヤーマ」Syāma、『大唐西域記』巻二健《けん》駄邏《だら》国の条では「商莫迦」——であった。

この物語は、盲目の父母とともに山に入り、仏道をおこなう父母を養っていた睒子が、水を汲《く》みに行くとき鹿の皮を着ていたために鹿狩りに来ていた国王に誤って毒矢で射られてしまう。絶命のまぎわ、睒子から事情を聞いた国王は盲目の父母のもとに赴き事を告げる。父母の嘆きが帝釈天に伝わり、睒子の命は戻り、父母の盲《めし》いていた両眼が開く。この睒子（サーマ、シュヤーマ）こそがいまの釈迦なのである、という本生譚である。『三宝絵』上巻第十三話に載る「施无」の話にほかならない。

この本生譚は主人公が孝子であり、その父母もまた主人公を深く愛していたがゆえに成り立つ物語である。儒教倫理に背馳《はいち》せず、孝養のふるまいが同時に菩薩道でもあるような本生譚が中国においては選択されたのである。ただしそれでは父母以外の衆生へ捨身する菩薩本生譚がそこで排斥《はいせき》されたのかというとかならずしもそう単純ではない。船山徹によれば、六朝時代の中国にあっては、「一切衆生はわが父母、我は一切衆生の父母である」という『梵網経《ぼんもうきょう》』などで知られる考え方の上に立って肉食禁止論と「放生《ほうじょう》」の思想が生じ、また一方では「一切衆生はわが父母であるから一切のわが父母のために捨て難《がた》きを捨てよ」という論理が生じた。結果として、無限の輪廻転生の中ではすべての他者存在は何らかの形で一度はわが父母となるから、捨身とは父母の恩に報いるために身命《しんみょう》を布施する行為にほかならず、すなわち捨身は孝に反するどころか孝の実践そのものであるという思想が生じたという。(9) また北魏では仏教と儒教倫理の融和が進んだが、スダナ太子本生譚をめぐって、牟子《ぼうし》『理惑論《りわくろん》』では、「スダナ太子は『不孝不仁』にあたるかもしれないけれども、布施のおかげで大道を成じ、父王の国もその益を受けた。これでスダナ太子が仏道を成ずれば、父母兄弟はみな救われるのであるから、これは孝であり仁である以外の何であろうか」という論理が展開されていたという。[10] つまり、その場に限って見ればたとえば捨身飼虎した薩埵王子は不孝の究極に見えるが、時間を長く取ってみれば捨身のゆえに王子は輪廻ののち仏果を得《え》、そのおかげで父母も救われるであるのなら、それはむしろ偉大な孝のふるまいと言えるのではないかという論理である。空海《くうかい》『三教指帰《さんごうしいき》』巻下には、「薩埵王子は虎の食となって父母の激しい心痛を呼び起こしたが、結局は『大覚の尊』と称せられたのであるから、孝の道は世俗の狭い料簡でのみ考えるべきではない」という意味のことを述べる箇所がある。[11]

この論理は『三宝絵』上巻に引き継がれている。上巻の第一一話から第一三話の構成原理は仏になる「因」としての「孝」であったと出雲路修は指摘していた（第一章）。第一一話は薩埵王子本生譚、第一二話はスダナ太子本生譚、そして末尾の第一三話は「施无《せむ》」＝睒子《せんし》本生譚である。睒子本生譚と並べて、一見「不孝」の極みに見えるような本生譚が配置されているのであった。恩愛《おんない》よりも捨身を優先する本生譚を「孝」の一形態であるとする解釈によって、それらが孝子譚と並置されることが可能となったのである。

さきほどの『曾我物語』中の孝子譚の標題説話からわかるように、孝子譚には自傷的な攻撃性が含まれているものが多い。黒田彰《くろだあきら》は、孝という概念は、そもそもがサディスティック・マゾヒスティックな本質を備えているものであり、特にマゾヒズムは、孝子伝に通底する一種の性的倒錯であると捉《とら》えられるとしている。(12) 本書の序章では苦行の極限のような菩薩本生譚を仏教の「鬼子」と仮に呼んでみたが、そのような呼び方が許されるのであれば、マゾヒスティックで自傷的な孝子譚も儒教の「鬼子」と呼ぶことができるだろう。

仏教は儒教文化圏の「孝」のフィルターを通過するべくさまざまな変容を受け入れた。その中で菩薩本生譚は孝子譚と接続できるものが選択され、そうでない場合も「孝」の解釈の拡大によって自傷的な孝子譚と同等に扱われることがあった。それは東アジアが菩薩本生譚を受け入れる際のひとつの戦略《ストラテジー》だったとみなしてよいだろう。日本は基本的にそれを受け継いでいる。

菩薩本生譚と病気治療

序章でふれたように、法顕や玄奘の旅行記には、北インド地方に捨身の菩薩たちの遺蹟が多く実在し、人々の信仰を集めていたことが記されていた。序章には『大唐西域記』に記された月光王本生（バラモンに乞《こ》われて頭部を切断して布施する王）の遺蹟を記録したくだりを引用したが、そこには「癩病」にかかった女性が仏塔を清掃し礼拝懺悔《ざんげ》することによって治癒した逸話が載せられていた。時代と地域を問わず、大衆向けの信仰の聖地は病気治療を中心とするものが多い。捨身処での礼拝の風景はたとえば現在の「〇〇のお地蔵さま」のそれとさほど変わりなかったように思える。

六世紀の西域旅行記である『宋雲行紀』にはシビ王の捨身処に塔と寺があったと記述され、「むかしシビ王の倉庫が火事のために焼け、その中の粳米《うるち》が黒焦げになったが、今に至るも残っていた。もしその一粒を呑むと、永く瘧患《マラリヤ》にかからない」[13]というエピソードが付加されている。

南方熊楠が『十二支考』の中で捨身飼虎《しゃしんしこ》の話として紹介した『仏説菩薩投身飴餓虎《がこ》起塔因縁経』（大正蔵№一七二）では「癩病」に悩む王に太子が特効薬の「牛頭《ごず》栴檀《せんだん》」を奉るエピソードが出るが、さらに大正蔵には連結部のあとに「丹郷本続有」として、国王（仏の説法を聞いていた乾陀越国毘沙門波羅大城の国王）が仏説を聞き終わるやいなや大塔を建立し、「菩薩投身餓虎塔」と名づけ、現在に至るまで塔の東に面する山の下に僧坊・講堂・精舎があって、常に五千の衆僧が盛んに供養を行っていることが記される。諸国の「癩病及癲狂聾盲手足躃跛」、及び種々の病のある人は、ことごとくこの塔にやってきて、香をたき、灯《あか》りを点じ、その地を掃き清める。そして叩頭《こうとう》して懺悔すれば、百病みな癒《い》える。貴賤《きせん》を問わず、常に百人はいて、人の絶えるときはない、という（大正三・四二八ａ）。捨身処の仏塔は病気治療の信仰と深く関わっている。

そもそも菩薩本生譚の捨身の動機として、衆生の病気治療・抜苦をモチーフとしているものは多い。『大唐西域記』巻三の烏仗那国の条で、シビ王本生譚の聖蹟に続けて紹介されるのは、飢饉《ききん》と疫病で苦しむ衆生のためにわが身を差し出す大蛇の話である「薩裒殺地」本生譚、続けて同じく疫病で苦しむ衆生のために薬としてのわが身を差し出す「蘇摩《そま》」本生譚、喉《のど》が渇いた仲間たちに水を与える孔雀王《くじやくおう》本生譚をそれぞれ記念する仏塔である。「蘇摩」ソーマ〔Soma〕は「這《は》う虫」もしくは蛇であり、その身体の肉には疫病を治す薬効があって、衆生たちにいくら切り刻まれてもその肉は減らないのであった(14)。

『菩薩本行経』(大正蔵No.一五五)巻下の冒頭には、如来が「毘舎離《びしやり》国」——和辻哲郎が『歌舞伎と操り浄瑠璃』で紹介した「阿弥陀の胸割」の舞台となったのも「吠舎釐《びしやり》国」だった——の民の疫病を癒《いや》したあと、「わたしは今、正真の行をもって、一切衆生の身病と意病を除きたい」(我今以正真之行。除去一切衆生身病并除意病)(大正三・一一九a)と誓願し、そのあとに本生譚の主人公たちの名前と行状が要約して列挙される部分がある。そこには本書で扱ったシビ王や薩埵王子も含まれるが、他には病気治療のテーマが目立つ。「舎戸王」であったときはみずからの身肉をもって病人を十二年供養し、「摩休沙陀太子」であったときは薬で衆生の病を癒し、さらに大海に入って摩尼珠《まにじゆ》を得てさらに衆生の貧困を救い、「摩訶婆利王」であったときは二十四日にわたってみずからの身肉を病人に与え……病気治療と飢餓救済の区別があいまいな場合もあるが、このような内容の本生譚の遺蹟が実際の病気治しの聖地となっても不思議ではない。先にあげた『大唐西域記』巻三の烏仗那国にあらわれる孔雀王の仏塔由来譚は衆生の飢渇を救った話であるが、同時にそこに霊泉がわき病気治療の聖地となっていたことも記されている。

わが国でも本生譚と病気治療の逸話が隣接している場合がある。『東大寺諷誦文稿』では、薩埵王子の捨身の故事のすぐあとに「慈悲徳」として、道端で伏せっている「疥《はたけ》」にかかった乞食《こじき》を仏が清めて癒す話が載る。[15] この話はたちまち『今昔物語集』巻六の第六話「玄奘三蔵、天竺に渡りて法を伝え帰り来る語」に載る般若《はんにゃ》心経取経譚を思い起こさせる。玄奘が渡天の途中、深山で「瘡《かさ》の病」にかかって全身がただれ悪臭をはなつ女人と出会い、求めのままにその全身を舐《な》めて癒すと観音菩薩が正体を現し、玄奘に般若心経を授けて姿を消すという話である。

よく似た説話として『古今著聞集』巻二第三十七話の「行基菩薩昆陽寺を建立の事」が挙げられる。行基が有馬《ありま》温泉に向かう途中、山中(武庫山)で倒れ伏した病人に出会い、その痛む肌を舐めて癒す。病者は実は薬師如来であったという話である。類話には『元亨釈書《げんこうしやくしよ》』巻十八その他に載る光明《こうみよう》皇后の説話——慈悲行を願って湯屋を建てて衆人の垢《あか》を除く皇后の前に「癩《らい》者《しや》」があらわれ、やはり求められて全身の瘡に口をつけて膿《うみ》を吸う——この場合の「癩者」の正体は阿閦仏《あしゆくぶつ》——がある。第三章で明恵が耳を切断するエピソードに関連して『撰集抄』巻一の八「行賀僧都之事」を挙げたが、行賀僧都が耳を切って与えたのは「悪しき瘡」を病む者であり、耳切断の話のあとには玄奘の般若心経取経譚が連続していた。また同じく第三章で述べたように、明恵『仮名行状』上巻には、夢中で狼に食われる話の直後に、「又先年紀州下向ノ時」として、明恵が「癩病人」を見て、ある人から人肉がその病のための良薬であると聞いて都で刀を用意して紀州に戻ったがすでにその病人は亡くなっていたという逸話が載っていた。

阿部泰郎によれば、玄奘の般若心経取経譚は偽経である『文殊師利菩薩最上乗無生経』に載る話に近いところがあるというが、[16]『大唐大慈恩寺三蔵法師伝』の般若心経の由来を語る節にも、「身瘡臭穢衣服破汚」（大正五〇・二二四b）の語が出ないわけではない。「癩」「瘡」の実体が何であったかはここでは問う余裕はないが、その時代にあって治療困難と考えられた病を宗教説話が題材とすることは仏教に限ったことではない。

ただし、わが国のひとびとにとって、難病を癒す（あるいは死に至る飢餓を救う）菩薩は、生身の捨身より「身代わり」の仏像の形を取るほうが親しみやすかったのではないだろうか。

『今昔物語集』巻十六の第四話に、成合観音《なりあいかんのん》の霊験譚が載る（「丹後国成合観音霊験語《たんごのくにのなりあいかんのんのれいげんのこと》」）。冬に成合寺に籠《こも》った貧僧が、雪に降りこめられて食物がなくなる。餓死を覚悟しながら観音像に向かって「助け給へ」と念じると、寺の北西の外に狼に喰《く》らわれた猪が倒れていた。肉食をためらないながらも飢えの苦しみに耐えず、猪の腿《もも》の肉を切り取り、鍋《なべ》に入れて調理して食してしまう。

雪が消えて里人が寺を訪れる。僧は「猪肉《ししにく》の残骸《ざんがい》を隠さなければ」と思うが、間にあわない。里人が鍋を見ると、そこには檜《ひのき》の木くずが入っているばかりだった。ふと観音像を見ると、左右の腿を切り取った跡がある。里人が「同じ木を食うなら、寺の柱でも切って食えばいいのに」とあきれるのを聞き、僧は事を悟って感涙を流す。そして観音に対して、「もしすべてが観音様のおぼしめしであるならば、元の通りになりますように」と祈ると、仏像の左右の腿がたちまちに元のごとくになった、という話である。

これは「成合《なりあい》」という寺名と、「成《な》り合《あ》う」（接合してもとの通りになる）という語が連関して作られた霊験譚であるが、本生譚に親しんでいるとこの話からたちまちシビ王本生譚を連想する。シビ王が割肉するのはどのバージョンでもかならず腿からであるし、また結末で誓言によって毀損された身体がもとどおりになるモチーフが共通するからである。もちろんこの成合観音霊験譚がシビ王本生譚の影響を受けて成立したとする証拠はない。しかし、みずからの身体を鷹《たか》の飢えを満たすために差し出すシビ王本生譚と、雪深い山寺を舞台にした観音霊験譚とは、舞台も語りの構造も相違しながら、他者の飢えを救うためわが身を割くという深いモチーフを共有している。

地蔵や観音の身代わり説話は十二世紀以降、院政期から鎌倉時代にかけて盛んになるという。(17)

それは社会変動にともなう現世利益への希求が原因すると同時に、外来の「仏・菩薩」という超越者が土着化し、大衆化していく過程だった。その中から和辻哲郎を震撼させた「阿弥陀の胸割」のような物語も生成する。みずからの肉を順次に割いていく血まみれの王の話や、虎に生きたまま我が身をくらわせる王子の話より、物言わぬ木像の静かな自己犠牲の物語のほうがわたしたちには親しかったのではないだろうか。それは菩薩本生譚の抱える攻撃衝動を、この列島のもつ風土が受けとめ消化／昇華した結果のひとつと考えてみたくなる。

キリスト教の連想

第五章で述べたごとく、和辻哲郎が「熊野の本地」や「阿弥陀の胸割」に着目した背景には、キリスト教受容に関する問題意識があった。十字架上の血まみれの救世主を受け入れる素地は、すでにわが国の中世の末期には成立していたのであり、慈悲と自己犠牲は外来の宗教に教わってはじめてわれわれに芽生えたものではないという主張への姿勢がそこにはある。

「熊野の本地」や「阿弥陀の胸割」は――本書はそこに菩薩本生譚の転生の影を見たいのだが――菩薩本生譚ではない。ただし、和辻のみならず近代以降の知識人や文学者においては、キリスト教もしくは聖書に対応するテキストとして菩薩本生譚が想起される場合がある。

文芸評論家であった亀井《かめい》勝一郎《かついちろう》（一九〇七－一九六六）は昭和十五年四月の『文学界』に

「捨身飼虎」という小説を発表している。あらすじは、虎に身を投げる摩訶薩埵の父王である「大車」が、王子亡きあと星に導かれて西方へと旅立ち、ついに「東方の三博士」の一員となってベツレヘムの馬小屋にたどりつくというものだ。イエスが薩埵王子の生まれ変わりであるとは明言しないものの、大車王が嬰児《えいじ》の顔に薩埵王子の誕生の日を重ねる結末で終わっている。井上章一《いのうえしよういち》によれば、ヘレニズム東漸の跡を大和《やまと》に見る、もしくは古代の奈良をギリシャになぞらえるという発想が一九二〇年代以降日本の知識人に広まっていたという。亀井勝一郎は一九三五（昭和十）年くらいから保田与重郎《やすだよじゆうろう》の影響のもとに奈良の文物に関心を抱きだしていた。⒅ベツレヘムはギリシャではないが、そのような下地のもとに法隆寺の「玉虫厨子」須弥座に描かれた薩埵王子とイエス・キリストを結びつけるといういっけん奇異にも見える小説が書かれたのである。だがこのような発想はこの時代にのみ成立したものとは言いきれない。

小説家の三田誠広《みたまさひろ》は一九九四年十二月に『鹿の王　菩薩本生譚』（河出書房新社）という小説集を刊行している。これは連作短編の形を取って、薩埵王子本生譚や鹿王本生譚などを題材として釈迦の思想を語ろうとしたものである。三田は一九九二年にはイエスの生涯を描いた『地に火を放つ者――双児のトマスによる第五の福音』（トレヴィル）という長編小説を発表している。三田は『鹿の王』のあとがきで、作家としての目標のひとつに「イエスと釈迦の生涯を自分なりに描くこと」があったと述べ、さらに「釈迦について考える場合に、前世を抜きにしては語れない」として、連作短編という形式をとった由来を語っている。三田は現代の小説家としての周到な思索からこの作品を紡いだのだが、本生譚をつなげて「仏法」を描くという点において、千年前の『三宝絵』とほぼ同じ発想に至っている。それぞれの理由はあれども、イエスの生涯を書こうとする試みと等価のものを仏教に求めた作家は、結果として菩薩本生譚を題材としたのである。

筆者が本書のアイデアを二十年以上も前に京都の国際日本文化研究センターの小さな研究会で発表したことがある（「文学における近代」一九九六年十二月六日）。参加されていた故・杉本《すぎもと》秀太郎《ひでたろう》氏はじっと瞑目《めいもく》してしどろもどろの発表を聞いてくださったが、最後にひとこと――耳底に残っているままに記すのであって、正確である保証はない――、「ジャータカいうのは、聖書でいう「譬喩《ひゆ》」やな」とぽつりとつぶやかれたことは忘れられない。

結びにかえて

フランクル『夜と霧』の翻訳者である臨床心理学者・霜山徳爾《しもやまとくじ》（一九一九―二〇〇九）――カトリックの信者であった――は七十歳頃の著作で、薩埵王子とシビ王の物語についてふれたあと、「哀しく心を打つジャータカの素朴な感動はどこからくるのであろうか」と問いかけ、それは同じ人間と動物の物語である異類婚のような説話とは文脈を異にするとしながら、「ここには時間や空間をこえて、また文化を超えた、高貴なもの、一見、愚かしいことのように見えても人間性の品格の香りが漂っているものがあるのではないだろうか」と語る。人間にも他の生物にも通底する根源的な「いのち」というものがあり、もしそれに対する畏敬《いけい》が失われれば心理療法もまた不可能であるといい、「ジャータカ性ともいうべきひたむきさ、患者の前に五体投地するかのような真摯さの心情」が必要であると述べる[19]。

眼施型のシビ王本生譚が仏教徒に息づいているスリランカには角膜提供をする人の数が多い。元首相・大統領であったジャヤワルデネの片方の角膜が死去に際して日本人に移植されただけでなく、これまでにスリランカから三千以上もの角膜が日本に贈られていることを岡田真美子《おかだまみこ》は伝えている[20]。社会人類学者のボブ・シンプソンによれば、「スリランカ眼施協会Sri Lanka Eye Donation Society」が一九六〇年代に角膜提供を社会に呼びかけはじめた際、眼施型のシビ王本生譚がキャンペーンに大きな効果をもたらしたという。人口の約七割を占める仏教徒には角膜のみならず他の組織を含めた身体の死後贈与を望む信徒が多く、身体の一部を布施することがよりよい来世への希望を生み出し、個人の死の受容に大きな役割を果たしているとのことである[21]。

本書は序章で、菩薩本生譚は人間の「死への本能」から生まれる不安や攻撃性を負荷された仏教説話であると捉えてみた。では、そのようなネガティブな側面を免れた、起源からして無《む》垢《く》で澄明な「利他」のおこないというものが別に人間に存在するものだろうかと考えると、ここまで記してきた筆者にはそれもまた疑問に思われる。菩薩本生譚は長い歴史の中で人間の心の深みによって育《はぐく》まれ、地域を超えてひとびとの生活と文化に影響を与え、現在でもその物語にひそむ力を失ってはいないのである。

注

引用資料を示す場合、巻末の「主要参考文献」に載るものは刊行元、刊行年の表記を省略した。刊行年を示す場合は西暦に統一した。

序章　菩薩本生譚の起源と性格

(1) 干潟龍祥『ジャータカ概観』一頁。
(2) 杉本卓洲『菩薩 ジャータカからの探求』五四頁。
(3) 中村元他編『岩波仏教辞典 第二版』(岩波書店、二〇〇二年) 四六七－四六八頁。引用に際して文中の算用数字を漢数字に改めた。
(4) 杉本前掲書、三九頁。
(5) 同右、四四頁。しかし平川彰は杉本の論文に触れながら、古代彫刻の絵解きの困難性を指摘した上で、バールフトの彫刻を単なる寓話ではなく、あくまで「仏陀の前生譚」ととらえる立場を採っている(『初期大乗仏教の研究Ⅰ』二五一－二五二頁)。またバールフトの彫刻に「菩薩」の用語がないからといって、「菩薩」という語がそれ以後の成立であると断定することもできないと指摘する(同書、二五四頁)。
(6) 平川彰『インド仏教史』上、三三五－三三六頁。

(7) 干潟前掲書、第Ⅱ章「ジャータカの発達とそれが仏教思想の展開に与えた影響」。

(8) 平川彰『初期大乗仏教の研究Ⅰ』二五〇頁。

(9) 同右、二五四頁。

(10) 船山徹は捨身の意味を四つに分けて、①原義的捨身……身命を布施（主に出家者）②象徴的捨身……財物を布施（主に在家者）③死の同義語としての捨身④瞑想法としての捨身、とする（「捨身の思想――六朝仏教史の一断面」『東方學報』巻七四）四九頁。船山が、①②がいわゆる捨身に相当すると述べるのに従って、本書でも捨身をその意味で用いたい。

(11)「菩薩本生譚」という語句の前例として三田誠広『鹿の王 菩薩本生譚』という小説集の副題が挙げられる（河出書房新社、一九九四年）。『鹿の王』は本生譚を素材とした短編小説集であり、巻末に「自著註解」の文章があるが、「菩薩本生譚」という語の定義にあたるものは記されていない。ここでは、「捨身を行ずる菩薩を主人公とする本生譚」という意味で「菩薩本生譚」という語を用いたい。

(12) 杉本前掲書、第三章-二「マトゥラーのジャータカ」。

(13) 水谷真成訳注『大唐西域記』2、六四-六五頁。ふりがなを加えた箇所がある。

(14) 長沢和俊訳注『法顕伝・宋雲行紀』三九-四三頁。

(15) 杉本前掲書、二〇六-二〇七頁。

(16) 杉本前掲書、二四五頁。また同氏の「施身聞偈の菩薩」（『金沢大学文学部論集・行動科学科篇』第六号）の七九-八四頁を参照。

(17) 上原和『玉虫厨子 飛鳥・白鳳美術様式史論』四四六頁。

(18) 宮治昭「西域の仏教美術――インド仏教美術の受容と変容」(佼成出版会、一九九一年)二六八頁。
(19) 谷泰「去勢オス誘導羊と宦官――その機能の同型性の背景」(『神・人・家畜――牧畜文化と聖書世界――』)。同「家畜去勢と人間去勢」(『大航海』第七号、新書館、一九九五年)。樺山紘一「割礼と宦官――からだの歴史から現在へ」(岩波講座 現代社会学第四巻『身体と間身体の社会学』、一九九六年)。
(20) 樺山同右論文、一八八頁。
(21) 百橋明穂『日本の美術 第二六七号 仏伝図』二〇-二一頁。
(22) モーリス・パンゲ『自死の日本史』一六三-一六四頁。
(23) 船山前掲論文、六二-六五頁。
(24) 井上光貞他校注『律令』(日本思想大系三 岩波書店、一九七六年)二二三頁。
(25) 青木和夫他校注『続日本紀』二(新日本古典文学大系一三、岩波書店、一九九〇年)二七頁。
(26) 日本古代の捨身行に関する概説としては、吉田靖雄『日本古代の菩薩と民衆』第二部第二章「捨身行の展開とその思想」を参照。
(27) 杉本前掲書、一四九頁。
(28) 須藤訓任・藤野寛訳『フロイト全集』十七(岩波書店、二〇〇六年)七四頁。
(29) アルマンド・R・ファヴァッツァ『自傷の文化精神医学 包囲された身体』(松本俊彦監訳)六七頁。
(30) 中井久夫「きのこの匂いについて」(『中井久夫著作集五巻 精神医学の経験 病者と社会』岩

崎学術出版社、一九九一年）二六〇頁。

(31) フロイトの「死への欲動」と仏教における「無有愛」の概念とを対比させて考えようとする見方がある。杉本卓洲『五戒の周辺』第三章「初期仏教における自殺観——無有愛（死への衝動）と自殺——」を参照。杉本は、「死の本能」を「無有愛」と同一視することは問題のあるところかもしれないとしつつ、フロイトの性本能、生の本能、死の本能が仏教の「欲愛」「有愛」「無有愛」に対応する側面をもつことを「特筆すべきである」とする（九〇頁）。また岡田真美子は杉本の論を受けつつ、仏教の教説が一様でないことに注意を喚起しながらも、仏教が時に殺生や安楽死や自殺などの「積極的生存への意欲をコントロールせんとしている姿勢」を指摘し、「身命を惜しまぬ菩薩達の存在は、ひとり大乗仏教の生み出したものではなく、仏教一般に潜在しているこのようなニヒリスティックな生命観に根差しているものであるといえよう」と述べる（「捨身と生命倫理」（『印度學佛教學研究』第四八巻二号、九九九頁）。本書では菩薩本生譚の捨身行為の表象を、仏教が抑圧した「死への欲動」の回帰と考えるが、杉本や岡田の論のように、仏教そのものに初期から「死への欲動」に近いものが含まれ、認識されていたという考え方もある。

第一章　身を割く王——日本におけるシビ王本生譚

(1)『三宝絵』成立の背景については、主として塚田晃信「落飾と受戒の間——三宝絵撰進の背景試論——」（『東洋大学短期大学紀要』第七号）、今西祐一郎「『火の宮』尊子内親王——『かかやくひの宮』の周辺——』（『国語国文』第五一巻第八号）、および出雲路修校注『三宝絵』

（平凡社東洋文庫）の解説による。

（2）井上光貞・大曾根章介校注『往生伝・法華験記』（日本思想大系七、岩波書店、一九七四年）二二四頁。

（3）出雲路修『説話集の世界』の第一部二「《三宝絵》の編纂」。

（4）以上の現代語訳は、出雲路前掲書および馬淵和夫・小泉弘・今野達校注『三宝絵 注好選』（新日本古典文学大系三一、岩波書店、一九九七年）を参照して作成した。二書の底本はいずれも東京国立博物館蔵 東寺観智院旧蔵本である。

（5）唐代の慧琳『一切経音義』には、「尸毘王、古音云亦名湿鞞此云安穏也」とある（大正五四・四八〇b）。『大唐西域記』巻三には「尸毘迦王」の名で出る（大正五一・八八三a）。管見の範囲で「湿鞞」と訳されているものに『僧伽羅刹所集経』（大正四・一一二a）がある。

（6）シビ王本生譚の分布については、主として干潟龍祥『改訂増補・本生経類の思想史的研究』・附篇本生経類総合全表の一一三頁、Lamotte, Étienne, *Le Traité de la Grande Vertu de Sagesse*, Tome I, p.255f、岡田真美子「Rāṣṭrapālaparipṛcchā 中の釈尊前世50話」（『前田専学博士還暦記念論集〈我〉の思想』所収）の五八七頁を参考にした。

（7）『ジャータカ・マーラー』は干潟龍祥・高原信一訳『ジャータカ・マーラー』（講談社、一九九〇年）第二章を参照。

（8）邦訳では『ミリンダ王の問い』（中村元・早島鏡正訳、平凡社東洋文庫、一九六四年）二六一－三三三頁。

（9）布施として「眼を与える」というモチーフに関して、オスカー・ワイルドの作品「幸福な王子」*The Happy Prince*（1888）が連想される。上村勝彦はワイルドが眼施タイプのシビ王本生譚を知っていて書いたに違いないと推測している。銅像の王子の両眼はインド産のサファイアという設定になっているのである（『在家仏教』二〇〇一（平成一三）年二月号「『幸福の王子』と菩薩」）。

（10）秤は広くオリエントの諸宗教において「運命の計量」のモチーフを示すものとして表れている（小川正廣「「運命の秤」についての一考察」『名古屋大学文学部研究論集・文学』四三、一九九七年）。

（11）石橋優子「仏教説話文学に見られる『真実の陳述』（satya-vacana）」（『佛教文学』第二一号、一九九七年）を参照。石橋氏の論文は「真実の陳述」の一般的形式と仏教文献におけるその変容について概観し、シビ王本生譚の考察にも一節が割かれている。それによると、（『三宝絵』の出典とおぼしき）『大智度論』におけるシビ王本生譚の問答は「仏教説話の正統伝統から見ると、いろいろ奇妙な点が目立ち、全体として不安定な構造をとっている」（一一頁）という。「真実の誓願」に関する限り、『三宝絵』でのシビ王本生譚は結末部だけ『六度集経』のバージョンを取り入れているせいもあって、伝統的な形式から見ればいっそう不整合なものになっている。これに関しては、源為憲が「真実の誓願」という説話形式を理解していなかったせいとする論があるが（たとえば侯巧紅「『三國傳記』で語られるシビ王の話——日本人に受け入れやすい15世紀の日本ヴァージョン——」『桃山学院大学人間科学』三五号、二〇〇八年）、これは「天ノ薬」を登場させることによって『三宝絵』上巻の第一話と末尾の第十三話が照応するという出雲路修の指摘（『説話集の世界』岩波書店、一九八八年）を考慮に入れるならば、源為憲は「真実の陳述」より説話集の構成の整合性を重視した結果と考えられる。

(12) 中村史『三宝絵本生譚の原型と展開』の第二章「シビ王本生譚の原型と展開」。

(13) 上村勝彦訳『原典訳 マハーバーラタ3』、筑摩書房、二〇〇二年、三六四－三六六頁。ここでの王は、シビ王ではなくその父王であったウシーナラである。

(14) 西尾哲夫『ヴェニスの商人の異人論 人肉一ポンドと他者認識の民族学』二六五頁。

(15) 西尾、同右、補注(一一〇)。xxxviii頁。

(16) 注(11)を参照。

(17) 源為憲と六波羅蜜のかかわりについては小原仁「源為憲と六波羅蜜について」(小島孝之・小林真由美・小峯和明『三宝絵を読む』吉川弘文館、二〇〇八年)。

(18) 波羅蜜の各項目と特定の本生譚を結び付けるのは『大智度論』のオリジナルではない。南伝も含めて複数の結合が各種の仏典に示されている(杉本卓洲『菩薩 ジャータカからの探究』第六章二「波羅蜜行と本生菩薩」を参照)。杉本の挙げる例の中で布施(檀)波羅蜜とシビ王本生譚を結合させているものには、『僧伽羅刹所集経』『根本説一切有部毘奈耶薬事』がある。

(19) 出雲路校注『三宝絵』七頁。

(20) 出雲路修『説話集の世界』第一部二「《三宝絵》の編纂」、七一－八四頁。

(21) 西尾前掲書、八頁。

(22) 阿部泰郎編『因縁抄』古典文庫第四九五冊、一九八八年。三九七頁。

(23)『浄土宗全書』第十三巻、山喜房仏書林、一九八九年、二三二頁。

(24)小島孝之「法華経直談鈔」(三木紀人編『今昔物語集宇治拾遺物語必携』学燈社、一九八八年)一九九頁。

(25)西村聡によれば、近江路は「東国や北陸から都に至る要路であり、古来、多くの旅人が往還した。それにつれて、各地の説話が集散したであろう」という場所であった。西村聡「第五章中世Ⅱ——中世近江の眺望」(池上洵一・藤本徳明編『説話文学の世界』世界思想社、一九八七年)一四四頁。

(26)池山一切圓解題『法華経直談鈔二』(臨川書店、一九七九年)二六三頁。引用に際しては私意によって漢文体を漢字かな交じり文に改め、ふりがなを付した。

(27)小峯和明「金言類聚抄について——仏典類書の成立——」(『佛教文学』第六号)、同「金言類聚抄考補訂」(『佛教文学』第九号)、また国文学研究資料館編『真福寺善本叢刊5 中世仏伝集』(臨川書店)の巻末に載る小峯氏の「『金言類聚抄』解題」を参照。

(28)青木晃・池田敬子・北川忠彦編『真名本 曾我物語』1、平凡社東洋文庫、一九八七年、二七九-二八〇頁。ただし文中の注釈は省略した。

(29)『日本古典文学大辞典』第四巻(岩波書店、一九八四年)、曾我物語の項(三九-四一頁)。村上学執筆。

(30)訓読本(大石寺本)『曾我物語』では真名本と同じ文脈で、しかしさらに簡略な、説話の内容を把握できない形でシビ王本生譚が語られている。「東天竺斯婆国の王、尸毘大王、鳩の代りに身を替え給ひし時、その鷹、自ら曰く、『我、実の鷹にあらず。すなはち天帝釈なり。王の菩提心を見んために化し来たれり』とて、王の疵に天の甘露を灌ぎしかば、本の身となり給ひぬ。その時の尸毘大王は、すなはち釈迦牟尼如来なり」(梶原正昭他校注『曾我物語』〈新編日本古典全集五三、小学館、二〇〇二年〉一八九–一九〇頁)。

(31)池上洵一校注『三国伝記』下(三弥井書店、一九八二年)一五四頁。ただし漢字片仮名交り文を平仮名交り文とし、返り点が付されている部分を訓読の語順に直した。また読みやすさを重視して、私意で現代仮名づかいのふりがなを付した。

(32)同右、一五四頁。

(33)同右上巻、池上氏による「解説」、四頁。

(34)播磨光寿「三国伝記――構想と表現の関わり――」(本田義憲他編『説話集の世界〈2〉中世説話の講座5』勉誠社、一九九三年)。また小林直樹「唱導と語り物」(『岩波講座日本文学史第六巻 十五・十六世紀の文学』岩波書店、一九九六年)の第五節「『三国伝記』と唱導」。

(35)安藤直太朗監修・名古屋三国伝記研究会編『三国伝記〈平仮名本〉下』(古典文庫第四三八冊、一九八三年)六〇–六二頁。

(36)同右、解説。二七一頁。

(37)同右、二八二頁。

(38)小林直樹、注(34)の論文、第五節。

(39)黒部通善「釈迦一代伝記鼓吹〈翻刻〉(巻一)付、近世仏伝文学臆説」(『愛知学院大学教養部紀要』第四〇巻第一号、一九九二年)。

(40)巻一の二十三に見える。黒部同右論文参照。

(41)今野達校注『今昔物語集一』(新日本古典文学大系三三、岩波書店、一九九九年)三三四–三三五頁。

(42) 国東文麿はこの巻四第十七話に関して、「本話は、もと『大唐西域記』から出たものであるが、それがわが国で説経用の語り体に作り変えられ、その変えられた話にもとづいて書かれたものと思われる」と述べ、その根拠として用語・表記の他に「あるいは仏の慈悲心の例に「一羽の鴿」「七つの虎」など、『西域記』に記されていない、説経によく用いられる言葉を用いているのがその証拠になろう」と記している(国東文麿訳注『今昔物語集(四)』(講談社学術文庫、一九八一年)、一七四頁。

(43) 中田祝夫校注『日本霊異記』(新編日本古典文学全集、小学館、一九七五年)一八九頁。

(44) 中田祝夫『東大寺諷誦文稿の国語学的研究』(風間書房、一九六九年)一一九頁。引用に際しては、原本の様態を伝える種々のカッコや記号類はそのまま引用せず、校注者の補った訓みをもっともわかりやすいと思われる形にして引用した。また、私意で現代仮名づかいによってふりがなを補った箇所がある。

(45) 小泉弘・山田昭全・小島孝之・木下資一校注『宝物集 閑居友 比良山古人霊託』(新日本古典文学大系四〇、岩波書店、一九九三年)二七三―二七四頁。

(46) 大正二五・一四五c。『大智度論』でこの説話は、舎利弗が与えた眼を乞人が臭いを嫌って捨てたので、舎利弗は内心でこの乞人を度するに値しない者と軽侮し、それで舎利弗は菩薩道から小乗へと退いた、という話になっており、形式も本生譚から外れるところがある。『宝物集』のこの「舎利弗尊者、眼を乞眼の婆羅門にとらせしなり」について、新古典大系本では類話・出典として『大智度論』巻十二以外に『賢愚経』巻六、『撰集百縁経』巻四、『六度集経』巻四を指摘する（二七五頁、脚注七）。『賢愚経』巻六の場合は「快目王眼施縁品」（大正四・三九〇b－三九二c）、『撰集百縁経』巻四の場合は先にもふれた「尸毘王剜眼施鷲縁」（大正四・二二八a－c）、『六度集経』巻四の場合は「法施太子本生」（大正三・一七c－一八b）を指すと思われるが、舎利弗が登場するのは『大智度論』巻十二のみである。

(47) 三木紀人校注『方丈記 発心集』（新潮日本古典集成、一九七六年）二九〇頁。

(48) 『大日本仏教全書九二』（財団法人鈴木学術財団、一九七二年）一四三頁中段。『私聚百因縁集』の書目番号は八三一。私意によってひらがな交じりの書き下し文に改め、現代かなづかいによるふりがなを付した。

(49) 岩波新古典大系三一『三宝絵 注好選』解説、五二九頁。

(50) 『大日本仏教全書九二』一三六頁上段－中段。私意によってひらがな交じりの書き下し文に改め、現代かなづかいによるふりがなを追加した。

(51) 渡邉信和「私聚百因縁集」（本田義憲他編、注（34）前掲書）一四七頁。

(52) 高橋伸幸「「標題説話」覚書――『聖財集』の説話を通して――」（『史料と研究』第一六号、一九八六年）、また「「要約説話」管見」（『史料と研究』第一九号、一九八九年）。

(53) 高橋伸幸「浄土系直談と説話――標題説話の背景（下）――」（『大谷学報』第七一号第四巻、一九九二年）三五頁。

(54) 同右、三六頁。

(55) 同右、二四－二五頁。

(56) 黒部通善『日本仏伝文学の研究』第四章第二節。しかし直接の典拠・原拠とみることは躊躇する意見もある。（山内洋一郎『金沢文庫本仏教説話集の研究』八四―八五頁）。なお、『金沢文庫本仏教説話集』における当該部分のテキストは山内氏の同上書、二四九―二五一頁を参照。

(57) 周紹良・張涌泉・黄徴編『敦煌変文講経因縁輯校』（下）江蘇古籍出版社、一九九八年、六八九頁。『太子成道経』には入矢義高による現代日本語訳がある。中国古典文学大系六〇『仏教文学集』所収。引用部分は三―四頁。また、引用部について岩本裕による訓読と本生譚についての考証がある。岩本裕「敦煌における仏伝・本生譚」（金岡照光編『講座敦煌9 敦煌の文学文献』四三〇―四三六頁）。

(58) 右記の岩本裕論文ではこの「宝燈王」について、『賢愚経』巻一に出る虔闍尼婆梨王本生（大正四・三四九b―三五〇a）、『菩薩本行経』巻中の度闍那謝梨本生（大正三・一一二c―一一三c）と内容が類似していることを指摘しているが、「宝燈王」の名で語られる本生譚は未見としている（岩本「敦煌における仏伝・本生譚」四三四―四三五頁）。

(59) 悉達太子説話については黒部『日本仏伝文学の研究』第一章を参照。

(60) 『八相変』の当該部分は前掲『敦煌変文講経因縁輯校』（下）六三八頁。『悉達太子修道因縁』の当該部分は同書七四一―七四二頁。なお同書に載る『醜女縁起』の冒頭部にも標題説話化した本生譚の列挙がみえる（九四九頁）。

(61) 入矢義高『仏教文学集』の解説。四二五―四二七頁。

(62) 金岡照光『敦煌の絵物語』（東方書店、一九八一年）一〇八頁。金岡氏は続けて、変文冒頭のイントロダクションとしての本生譚の羅列のみならず、それらの一つ一つを独立させた「本生譚変文」とでもいうべきものが実際に存在していたのではないかと推測し、しかし実際にそのような文献がほとんど残っていないことに疑問を呈している。金岡氏は、莫高窟の本生譚壁画が、多く北魏、北周等、唐代以前に集中していることと、現存の変文類の写本がほとんど唐代五末、十世紀の頃に集中していることとの対比から、「あるいは本生譚の講唱は、唐以前においては、かなり流布していたが、それが変文という写本の発達を見る以前に、やや下火になっていたのではないか」と推測している（同書一〇八－一〇九頁）。

(63) 百橋明穂「敦煌壁画における本生図の展開」のⅢ章。

(64) 兜木正亨校注『日蓮文集』（岩波文庫、一九六八年）三一－三三頁。引用に際して私意によってカギカッコを付した箇所がある。

(65) 同右、一二九頁。

(66) 同右、一三頁。

(67) 戸頃重基・高木豊校注『日蓮』（日本思想大系一四、岩波書店、一九七〇年）一三九頁。

(68) 名畑應順他校注『親鸞集 日蓮集』（日本古典文学大系八二、岩波書店、一九六四年）四七五－四七六頁。

(69) 市古貞次・大島建彦校注『曾我物語』（日本古典文学大系八八、岩波書店、一九六六年）一五八頁。

(70) 前田金五郎・森田武校注『假名草子集』（日本古典文学大系九〇、岩波書店、一九六五年）二三六頁。

(71) 乙葉弘校注『浄瑠璃集』上（日本古典文学大系五一、岩波書店、一九六〇年）八一頁。

(72)中村幸彦他校注『近世随想集』(日本古典文学大系九六、岩波書店、一九六五年)三七－三八頁。

(73)市古貞次校注『御伽草子』(日本古典文学大系三八、岩波書店、一九五八年)三七五－三七六頁。

(74)黒部前掲書、二二六－二二七頁。また『釈迦の本地』の伝本については『真福寺善本叢刊』第五巻(臨川書店、二〇〇〇年)の小峯和明氏による「解題」、四七九－四八一頁を参照。

(75)同右、『真福寺善本叢刊』第五巻、四八二頁。

(76)横山重・松本隆信編『室町時代物語大成』第七(角川書店、一九七九年)一二〇頁。

(77)同右、一二一頁。

(78)近藤喜博校『中世神仏説話』(古典文庫第三八冊、一九五〇年)二一五－二一六頁。

(79)同右、二二三頁。

(80)同右、一五頁。

(81)同右、一五－一六頁。

(82)近松全集刊行会『近松全集』第八巻(岩波書店、一九八八年)五〇八頁。

(83)同右、五〇八－五一一頁。

(84)同右、五八四－五八五頁。引用に際してはせりふ部分をカギカッコでくくり、せりふの発話者を〔 〕で示した。以下、「釈迦如来誕生会」の引用はすべて同様とする。

(85)同右、五八六頁。

(86)同右、五九〇頁。

(87)同右、五九一頁。
(88)黒部通善『日本仏伝文学の研究』四八三頁以降に翻刻されているものを参照した。
(89)同右、二九五頁。
(90)同右、五四六頁。「太施太子」となっている。
(91)第六の三に現れる（同右、五七五－五七七頁）。「釈迦八相物語」では悉達太子が出家後の修行として雪山に赴き、そこで三年間苦行したのち無常偈の前半を唱える鬼神に出会い、鬼神の食となる条件で後半二句を得る展開である。鬼神の正体が「びるしやな仏」であるところは「釈迦の本地」類冒頭の雪山童子本生譚と共通している。本来なら前生譚であるはずの雪山童子のエピソードが、「釈迦八相物語」では太子出家後の行為として語られており、しかもそれが成道する直接の機縁となっている。本生譚を仏伝そのものに繰りこむ形式は、はるか後の手塚治虫『ブッダ』と同様の趣向である。ただし黒部氏同右書によれば、悉達太子雪山修行説話自体は敦煌変文の仏伝類において一般的であったという（第一章第二節の３「仏伝変文と悉達太子雪山修行説話」参照）。

第二章　血の色——日本における薩埵王子本生譚

(１)『サライ』二〇〇六年一号、Vol.18 No.1、小学館、二〇〇五年、一五頁。
(２)上原和『玉虫厨子 飛鳥・白鳳美術様式史論』四三〇頁。
(３)干潟龍祥『ジャータカ概観』五八頁、九五頁の注三一、一〇一頁の注六三。
(４)捨身飼虎本生譚の分布については、干潟龍祥『改訂増補・本生経類の思想史的研究』附篇本生経類総合全表三五頁の左４「婆羅門本生」、Lamotte, Etienne, *Le Traité de la Grande Vertu de Sagesse*, Tome I, p.143f.、杉本卓洲「施身聞偈の菩薩」（『金沢大学文学部論集・行動科学科篇』第六号）の六七頁の脚注（1）、岡田真美子「Rāṣṭrapālaparipṛcchā 中の釈尊前世50話」（『前田専学博士還暦記念論集〈我〉の思想』）五八六頁、ツデウ・ヒシゲジャルガル Tsedev Khishigargal「アジアに伝承された説話の比較対照研究――「捨身飼虎」説話の比較考察――」（『千葉大学ユーラシア言語文化論集』16、二〇一四年）等を参照した。

（5）石田尚豊『日本美術史論集――その構造的把握――』（中央公論美術出版、一九八八年）所収の「玉虫厨子絵考」、また上原和『玉虫厨子 飛鳥・白鳳美術様式史論』九四頁下段参照。

（6）馬淵和夫他校注『三宝絵 注好選』（新日本古典文学大系三一、岩波書店、一九九七年）四九頁。

（7）稲本泰生「雲岡石窟の仏教説話浮彫――本生・因縁図を中心に」（『國華』一四五一号）五九頁。

（8）百橋明穂「敦煌壁画における本生図の展開」（『美術史』一〇五号）。

（9）宮治昭「「玉虫厨子」図の源流か――「捨身飼虎図」インダス上流で発見」（新聞記事）朝日新聞二〇〇〇年十一月十七日夕刊。

（10）「若し身を餓虎に投ずるが如きは、本捨身に在り」。家永三郎他校注『聖徳太子集』（日本思想大系二、岩波書店、一九七五年）一三九頁。ただしこの文言は、北京図書館所蔵の敦煌写本「勝鬘義疏本義」（E本）にも「若如投身餓虎。此意在捨身」と、ほぼ同一の表現が見られる（同書、四三六頁上段）。

(11)小峯和明校注『今昔物語集四』(新日本古典文学大系三六、岩波書店、一九九四年)四七九―四八二頁。同話は『宇治拾遺物語』九三にもみえる。『宇治拾遺物語』のバージョンは『今昔物語集』と同じ源泉素材に取材したと見られるが、『今昔』よりも「さた」の同音による言語遊戯的な側面を強調している。

(12)小林芳規他校注『梁塵秘抄 閑吟集 狂言歌謡』(新日本古典文学大系五六、岩波書店、一九九三年)六二頁。

(13)石田尚豊『聖徳太子と玉虫厨子――現代に問う飛鳥仏教――』(東京美術、一九九八年)三六頁。

(14)本田義憲「太子の身投げし夕暮に……」(『今昔物語集仏伝の研究』初出は『無差』第三号、京都外国語大学日本語学科研究室、一九九六年)。

(15)さらに、金光明経において王子が捨身したときに后が見る三つの悪夢というモチーフは、『過去現在因果経』などの仏伝経典において悉達太子出家の夜に耶輸陀羅妃が見る夢と同型のモチーフである。黒部通善「釈迦の本縁」(『岩波講座 日本文学と仏教6 経典』一九九四年)二一八頁参照。

(16)新日本古典文学大系五六、九頁。

(17)小町谷照彦校注『拾遺和歌集』(新日本古典文学大系七、岩波書店、一九九〇年)一四四頁。五〇八番。

(18)同右、三五六頁。一二二七番。

(19)同右、同頁の脚注。なお同注には『古今六帖』五・雑思・人妻「人妻は森か社か唐国の虎臥す野辺か寝て試みむ」の歌が引かれている。

（20）久保田淳・山口明穂校注『六百番歌合』（新日本古典文学大系三八、岩波書店、一九九八年）三七一頁。一〇六三番。

（21）同右、三七二頁。

（22）南方熊楠『十二支考』（上）（岩波文庫、一九九四年）三七頁。

（23）以下に『仏説菩薩投身飴餓虎起塔因縁経』の内容を梗概の形で載せる。

仏が乾陀越国の毘沙門波羅大城にいたとき、仏はさまざまな奇瑞を示した。阿難がその奇瑞の因縁を仏に請うと、仏は説きはじめた――

むかし乾陀摩提という一大国があった。国王の名は乾陀尸利、夫人の名前は差摩目佉、太子の名前を栴檀摩提と言った。太子は貧民に施すのを好み、所有物一切を施し、自身を千金に売って諸貧人に施し、他国のバラモンの奴婢となった。

たまたま薪を伐りにいったとき山中で牛頭栴檀を得た。時にその国の王が「癩病」にかかり、名医の教えに従って、国の半分の値で牛頭栴檀を求めた。バラモンは太子にそのことを教えて、牛頭栴檀を王に奉って立身せよ、という。太子は牛頭栴檀を王に奉り、王はこれを塗って全快し、約束の如く国の半分を太子に割譲しようとしたが太子は受けなかった。そのかわりに王に請うて五十日間貧民に施しをさせた。王は感心し、太子に銭財をつけて本国へ送り返した。

太子は国へ帰って、得たところの財をみな貧民に施し、父母・妃が悲嘆して止めるのを固辞して、山に入って仙人について学道をはじめた。母夫人はときどき美膳を送って供養した。

太子が修道する山の深谷に牝虎がいて、新たに七子を生んだ。時に大雪が降って、虎の母子は飢えていた。母虎はとうとうその子を食わんとしていた。五百の道士はこれをみて、誰か身を捨てる者はないかと相勧めた。太子はそれを聞いて崖頭に至り、虎の様子を見、大悲心を起こして「われはむかし千身を捨てようとして、すでにかつて九百九十九身を捨てた。今日、この虎に捨身すれば、満願する」と師に告げ、師と五百の道士に送られて崖頭に至った。そこで太子は「今、私がこの不浄な身を捨てて虎に施せば、残ったわが舎利を祀って、父母はかならず塔を建てるだろう。そして、一切衆生の病苦に悩まされるものが来たりてわが塔を至心に供養すれば、百日を経ずしてかならず癒えることになるだろう」と誓願を立て、着ていた鹿皮衣を脱いで頭目をおおい、合掌して身を投げた。

母子の虎はこれを食って生きた。母后と妃の使いは翌日このことを聞き、走りかえって王宮に知らせた。父母・妃・采女・群臣・吏民こぞって捨身処に到り、それぞれ悶絶して人事不省になるまで悲嘆した。やっと太子の願いを汲み、舎利を拾い、七宝の塔を建立し、さまざまな供養をした――

そのときの太子は私である。国王夫妻はわたしの父母である。（大正三・四二四b―四二八a）。

(24) 南方前掲書、四一―四二頁。

(25)「有国名竺刹尸羅。竺刹尸羅漢言截頭也。仏為菩薩時。於此処以頭施人。故因以為名。復東行二日至投身餧餓虎処。此二処亦起大塔。皆衆宝挍飾。諸国王臣民競与供養。散華然燈相継不絶。通上二塔彼方人亦名為四大塔也」（大正五一・八五八b）。

「通上二塔」とは竺刹戸羅国の前の宿呵多国（スワート）にシビ王本王譚を記念する塔、犍陀衛国（ガンダーラ）には仏が前生で眼を施したことを記念する大塔がそれぞれ建っていたことを指している。

(26)「去王城東南山行八日。如来苦行投身餓虎之処。高山巃嵸危岫入雲。嘉木霊芝叢生其上。林泉婉麗花綵曜目。宋雲与恵生割捨行資。於山頂造浮図一体。刻石隷書銘魏功徳。山有収骨寺。三百余僧」（大正五一・一〇二〇b）。

(27) 水谷真成訳注『大唐西域記二』七九－八〇頁。

(28) 築島裕編『東大寺諷誦文稿総索引』六五頁、一六六行目。

(29)『東大寺諷誦文稿』のこの文の解釈については、出雲路修『説話集の世界』一一四頁の注（6）を参照。「壊劫」「成劫」については、稲本泰生「五～七世紀東アジアの本生図に関する覚書――「本生処」「布施」「超劫」をめぐる言説と主題選択の接点――」に述べられる「超劫」と関係するか。

(30) 出雲路修校注『三宝絵』四〇頁。

(31) 出雲路修『説話集の世界』七五－七六頁。

(32) 小松茂美編『玄奘三蔵絵（上）』（続日本絵巻大成七）一五八－一五九頁。

(33) 小松茂美編『玄奘三蔵絵（下）』（続日本絵巻大成九）二〇四頁。詞書の原文ではなく、釈文の段のテキストを引用した。

(34) 中野玄三「「玄奘三蔵絵」概説」（同右『玄奘三蔵絵（下）』所収）。

(35) 近藤喜博・貴志正造編『赤木文庫本 神道集』（角川書店、一九六八年）六七頁。

（36）筑土鈴寛「唱導と本地文学と」（『筑土鈴寛著作集第三巻 中世・宗教藝文の研究一』せりか書房、一九七六年）一七七頁。
（37）上原前掲書、四三三頁。
（38）手島崇裕「入宋僧による虚構の創作と三国世界観――文学表現中の天竺と五臺山から」二〇〇八年、また手島崇裕『平安時代の対外関係と仏教』。
（39）同右『平安時代の対外関係と仏教』。もっとも真如親王の虎害伝説は菩薩行の精神が欠けているのみならず、むしろ「悪報を得る縁」の説話となっており、薩埵王子本生譚の影響とは言えないとする論もある（佐伯有清『高丘親王入唐記――廃太子と虎害伝説の真相』吉川弘文館、二〇〇二年）。佐伯によれば高丘親王の最期を「捨身飼虎」の伝説から作られたものとする見方はすでに辻善之助にあるという。一九八七年に澁澤龍彥が発表した小説『高丘親王航海記』では親王ははっきりと「餓虎投身」の故事を意識し、みずからそれを選び取る設定になっている。
（40）四方田犬彦『漫画原論』（筑摩書房、一九九四年）二七八頁。

第三章　明恵伝記資料における捨身と菩薩本生譚

（1）高山寺典籍文書綜合調査団『明恵上人資料第一（高山寺資料叢書第一冊）』（東京大学出版会、一九七一年）の奥田勲氏による解説、六九四頁。なお、以降、同資料は『明恵上人資料第一』と略称する。
（2）奥田勲『明恵 遍歴と夢』二一一－二一二頁。

(3)『明恵上人資料第一』一五頁。なお、引用に際しては宣命書の小字仮名は大字の仮名と区別せず表記し、基本的に漢字は現在通用している字体に直した。また引用テキストの頭注に示された校合本の字句を採った箇所もある。以下、『明恵上人資料第一』からの引用は以上に従う。

(4)奥田前掲書、二〇頁。

(5)ただし、『梅尾明恵上人伝記』系のテキストにおいては、この場面に「捨身飼虎」に対する言及はなく、また「仏ノ衆生ノ為ニ命ヲステ給ヒケムカ如ク、人ノ命ニモカハリ」に相当する文言もないようである。捨身行の直接の動機は「カヽル五蘊ノ身有レハコソ若干ノ煩苦ミモ有レ、帰寂シタランニハ不如ト思テ何ナル狗狼野干ニモ食レント思ヒ、三昧原へ行テ臥タルニ……」(『明恵上人資料第一』三六五頁)となっており、菩薩行的な自己犠牲の動機は消し去られ、あくまで「五蘊」としての身体を憎むあまりの行為という面が強調されている。

(6)『明恵上人資料第一』一七-一八頁。

(7)野村卓美「明恵の捨身行と言葉」(『明恵上人の研究』)一四四-一四五頁。(初出は『日本文学』日本文学協会、三四六号、一九八二年)。

(8)河合隼雄『明恵 夢を生きる』一三九頁。

(9)山折哲雄「『捨身飼虎』の変容」(『日本人の宗教感覚』NHKライブラリー、一九九七年)一七一頁。

(10)「梅尾明恵上人伝記」巻下(久保田淳・山口明穂校注『明恵上人集』岩波文庫、一九八一年)一六四頁。ここでは読みやすさを考慮して岩波文庫を引用したが、引用部は多くの「伝記」系の資料に共通してあらわれている。

(11)『明恵上人資料第一』二二四頁。
(12)『明恵上人資料第一』二二五頁。
(13)『明恵上人資料第一』二二八頁。
(14)ちなみに傍線部の標題説話群はほとんど同じ表現で明恵の『四座講式』中の「遺跡講式」にみえる〔大正八四・九〇三c〕。しかし「遺跡講式」に菩薩本生譚があらわれるのはほとんどその部分だけである。
(15)野村卓美『明恵上人の研究』一五〇頁。
(16)『明恵上人資料第一』七三二頁。
(17)『明恵上人資料第一』五九九頁。
(18)河合隼雄『明恵 夢を生きる』一六五頁。
(19)アルマンド・R・ファヴァッツァ『自傷の文化精神医学 包囲された身体』一七二頁。
(20)「仏法ノユヘニ身ヲヤツサムト思シハシメ也」『明恵上人資料第一』一三頁。美貌を損なうために顔をみずから焼く行為は近世の僧尼の了然元総にもあらわれる〔パトリシア・フィスター『近世の女性画家たち』思文閣出版、一九九四年〕第五章。また「頬焼地蔵」の代受苦も連想させる。
(21)西尾光一校注『撰集抄』〔岩波文庫、一九七〇年〕五二頁。
(22)『明恵上人資料第一』一八頁。

第四章　宮澤賢治と菩薩本生譚

（1）渡部芳紀編『宮沢賢治大事典』（勉誠出版、二〇〇七年）二二八頁。
（2）『新校本宮澤賢治全集』第十二巻校異篇（筑摩書房、一九九五年）二一一頁。以下、『新校本宮澤賢治全集』を『新校本全集』と略記する。
（3）堀尾青史編『宮澤賢治年譜』（筑摩書房、一九九一年）一一八頁。
（4）『新校本全集』第十二巻本文篇、三一三―三一四頁。
（5）仏が前生で竜であったとき苦痛に耐えて皮を施与し、また赤裸となった肉体を虫に食らわせるというモチーフをもった竜本生譚の分布と系統については、岡田真美子「龍本生（1）救虫捨身譚―RP［33］話の新出並行話」（『印度學佛教學研究』第四一巻第一号四六四―四六八頁）、同「龍本生（2）救飢捨身譚と龍肉食説話―『根本説一切有部薬事』を中心に」（『神戸女子大学（文学部）紀要』第二六巻一五七―一六八頁）、同「龍本生（3）龍の布薩持戒説話」（『神戸女子大学教育諸学論文集』第七巻一〇七―一一七頁）を参照。
（6）三枝充悳『大智度論の物語（二）』（第三文明社、一九七七年）一二六―一二八頁。
（7）パーリの『ジャータカ』五二四「サンカパーラ竜王前生物語」も、斎戒を守るために竜が苦痛を忍ぶ話である。中村元監修・補注『ジャータカ全集8』（春秋社、一九八二年）参照。
（8）「戒の性格は単なる禁止的な条文をいうのではなく、自発的に悪を離れる精神力を指す」平川彰『原始仏教の教団組織I』一二八頁。
（9）『新校本全集』第十五巻本文篇、七一頁。
（10）栗原敦「学者アラムハラドの見た着物」（『国文学　解釈と教材の研究』二〇〇三年二月臨時

増刊号）三八頁。
(11)『新校本全集』第九巻本文篇、三三六－三三七頁。
(12)中村元監修・補註『ジャータカ全集10』（春秋社、一九八八年）の巻末補註による。
(13)川口久雄「『宇津保物語』に投影した海外文学」（『西域の虎　平安朝比較文学論集』所収）。
(14)倉田百三『布施太子の入山』（岩波文庫、一九二七年）の解説。
(15)『新校本全集』第十五巻本文篇、一一二頁。
(16)『新校本全集』第四巻本文篇、二三一頁。
(17)伊藤雅子「ベッサンタラ王渉典」（『宮沢賢治研究 Annual』十四）。
(18)ブログ「宮澤賢治の詩の世界」http://www.ihatov.cc/「二〇一四年四月二四日 ヴェッサンタラ王の布施」の項。二〇一八年九月三十日閲覧。
(19)稲本泰生「五～七世紀東アジアの本生図に関する覚書――「本生処」「布施」「超劫」をめぐる言説と主題選択の接点――」の第五章。
(20)『新校本全集』第十五巻本文篇、八九頁。
(21)『新校本全集』第九巻本文篇、一五一－一五二頁。
(22)同右、一五二頁。
(23)同右、一五二－一五三頁。
(24)呉善華「『二十六夜』におけるカルマ」（『国文学 解釈と鑑賞』平成十五年九月）では「梟鵄守護章」の名称について、「法華経「譬喩品第三」の、三車火宅の譬喩で、諸の悪虫の輩の中の「鵄梟」と、「妙音菩薩品第二十四」及び「如来寿量品第十六」等、法華経の随所に見られる「救護」の字を取って「梟鴟救護章」になり、「安楽行品第十四」等、これもまた法華経の随所に見られる「守護」の字を取って「梟鴟守護章」になったのではないかと思われる」と指摘している〔一七〇頁〕。
(25)『新校本全集』第九巻本文篇、一五三頁。
(26)同右、一五四－一五五頁。
(27)第一章の注（9）を参照。
(28)『新校本全集』第九巻本文篇、一六八－一六九頁。
(29)同右、一七一頁。
(30)『新校本全集』第九巻校異篇、六七頁参照。
(31)見田宗介『宮沢賢治 存在の祭りの中へ』一三二頁。
(32)『新校本全集』第八巻本文篇、八七頁。
(33)同右、八九頁。
(34)坂本幸男他訳注『法華経』（下）（岩波文庫、一九七六年）一八〇－一八二頁。
(35)山折哲雄「焼身――アスケーゼの方法（2）」（『日本仏教思想論序説』）一八八頁。
(36)『新修宮沢賢治全集』第十二巻（筑摩書房、一九八〇年）一四八頁。以下、「銀河鉄道の夜」の引用は同書（『新修版全集』と略称）による。
(37)『新修版全集』一四九－一五〇頁。
(38)『新修版全集』一五五頁。
(39)同右。

(40)『新校本全集』第九巻本文篇、三三七頁。
(41) 見田前掲書、一五二頁。
(42) 君野隆久「破棄された救済　宮澤賢治「セロ弾きのゴーシュ」試論」(『ことばで織られた都市——近代の詩と詩人たち』三元社、二〇〇八年)を参照。

第五章　和辻哲郎における本生譚《ジャータカ》

(1)『和辻哲郎全集』第二一巻(岩波書店、一九六二年)三五四頁。(以下、岩波書店『和辻哲郎全集』からの引用は、「全集」と略す)。
(2) 全集第二三巻、九〇頁。
(3) 全集第八巻、三一頁。
(4) 全集第八巻、三四–三五頁。
(5) 全集第八巻、二頁。
(6) 全集第三巻、三八八頁。
(7) 全集第三巻、三八九–三九〇頁。
(8)『改造』第二二巻一号、改造社、一九四〇年。一二五–一二六頁。引用に際して旧かなを現行のかなづかいに直し、私意でふりがなを付した箇所がある。引用中の宮地(直氏)とあるのは神道学者の宮地直一(一八八六–一九四九)のことと思われる。
(9) 全集第十二巻、八六頁。
(10) 全集第十二巻、三〇四頁。

(11)同右。

(12)全集第十六巻、三頁。

(13)和辻の記述とともに、信多純一・阪口弘之校注『古浄瑠璃・説経集』(新日本古典文学大系九〇、岩波書店、一九九九年)所収の本文および梗概を参考にした。

(14)全集第十六巻、一五〇頁。

(15)同右、一五七頁。

(16)坂部恵『和辻哲郎』(岩波書店、一九八六年)二五七頁。

(17)花部英雄「昔話『孫の生肝』の生態と歴史」(『昔話と呪歌』三弥井書店、二〇〇五年。初出は『昔話伝説研究』第二〇号、一九九九年)。また粂汐里「『阿弥陀胸割』の成立背景——法会唱導との関わり」(『総研大文化科学研究』第一二号、二〇一六年)。キリスト教の演劇や聖人伝の影響を示唆するのは後者の粂氏の論文である。

(18)前注にあげた花部氏の論文にはすでにこのジャータカが指摘されている。

終章

(1)百橋明穂『日本の美術 第二六七号 仏伝図』二〇-二一頁。

(2)山室信一『キメラ 満洲国の肖像』(中公新書、一九九三年)一〇四-一〇五頁。

(3)田中徳定『孝思想の受容と古代中世文学』二〇〇七年、二三-二四頁。

(4)中田祝夫『東大寺諷誦文稿の国語学的研究 資料編』一一九頁。

(5)同右、一一九-一二〇頁。

(6) 横山重他校訂『室町時代物語集』第四（大岡山書店、一九四〇年）二三頁。
(7) 日本古典文学大系八八（岩波書店、一九六六年）二八一頁。
(8) 稲本泰生「雲岡石窟の仏教説話浮彫――本生・因縁図を中心に」（『國華』第一四五一号）。
(9) 船山徹「捨身の思想――六朝仏教史の一断面――」三二五－三二九頁／（70－74頁）。ただし船山氏はこの論理に対して「詭弁の誹りを免れない」と評している。
(10) 稲本泰生「五～七世紀東アジアの本生図に関する覚書」四〇－四一頁。
(11) 渡邊照宏・宮坂宥勝校注『三教指帰 性霊集』（日本古典文学大系七一、岩波書店、一九六五年）一二二－一二三頁。
(12) 黒田彰『孝子伝の研究』三三八頁。
(13) 長沢和俊訳注『法顕伝・宋雲行紀』二一〇頁。
(14) 岡田真美子「薬施捨身説話（1）――Soma薬身本生――」（神戸女子大学（文学部）紀要二五巻）。
(15) 中田祝夫前掲書、一三四頁。
(16) 阿部泰郎『湯屋の皇后』三三頁。
(17) 速水侑『観音・地蔵・不動』一四二頁。
(18) 井上章一『法隆寺への精神史』（弘文堂、平成六年）の第五章。
(19) 霜山徳爾『素足の心理療法』みすず書房、一九八九年、七一－七四頁。
(20) 岡田真美子「真理のことば（ダンマパダ）」（小島毅編『知の古典は誘惑する』岩波ジュニア新書、二〇一八年）七九－八一頁。

（21） Bob Simpson, 'Local virtue and global vision : The practice of eye donation in contemporary Sri Lanka,' *Medicine Anthropology Theory* Vol. 4 (4), 2017. www.medanthrotheory.org/site/assets/files/8455/art-simpson-mat-v4_4.pdf（二〇一九年六月十五日閲覧）。

主要参考文献

・刊行年は西暦に統一した。
・算用数字を漢数字にした箇所がある。

赤沼智善『印度仏教固有名詞辞典』法蔵館、一九六七年
阿部泰郎『湯屋の皇后』名古屋大学出版会、一九九八年
家永三郎他監修『日本仏教史Ⅰ・Ⅱ』法蔵館、一九六七年
池上洵一校注『三国伝記』下、三弥井書店、一九八二年
池上洵一『今昔物語集の世界――中世のあけぼの』筑摩書房、一九八三年
池上洵一『今昔物語集の研究』（池上洵一著作集第一巻）和泉書院、二〇〇一年一月
石田尚豊『聖徳太子と玉虫厨子　現代に問う飛鳥仏教』東京美術、一九九八年
石橋優子「仏教説話文学に見られる『真実の陳述』（satya-vacana）」（『佛教文学』第二一号）一九九七年
出雲路修『説話集の世界』岩波書店、一九八八年
出雲路修「説話」（『日本思想2』岩波講座東洋思想第一六巻）岩波書店、一九八九年
出雲路修校注『三宝絵』平凡社東洋文庫、一九九〇年

伊藤千賀子「兎本生の諸相とその原型――日本語所伝を中心として――」（『文藝と批評』第六巻四号）一九八六年
伊藤千賀子「兎王本生における肉食による位相」（『印度學佛教學研究』第三五巻第二号）一九八七年
伊藤千賀子「本生経における分類と比較について――試論としての捨身施の基本構造――」（『印度學佛教學研究』第四三巻第一号）一九九四年
伊藤千賀子『仏教説話の展開と変容』株式会社ノンブル、二〇〇八年
伊藤雅子「ベッサンタラ王渉典」（『宮沢賢治研究 Annual』十四、宮沢賢治学会イーハトーブセンター）二〇〇四年
稲本泰生「鄮県阿育王塔の本生図と菩薩の捨身行――鑑真による模造塔将来によせて――」（『戒律文化』八号、戒律文化研究会）二〇一一年
稲本泰生「雲岡石窟の仏教説話浮彫――本生・因縁図を中心に」（『國華』第一四五一号、國華編集委員会）二〇一六年。
稲本泰生「五〜七世紀東アジアの本生図に関する覚書――「本生処」「布施」「超劫」をめぐる言説と主題選択の接点――」（科研基盤研究（B）研究成果報告書『東アジア仏教美術における聖地表象の諸様態』）二〇一六年
今西祐一郎「火の宮・尊子内親王」（『国語国文』第五一巻第八号）一九八二年
入矢義高編『仏教文学集』中国古典文学大系六〇、平凡社、一九七五年
岩崎武夫『続さんせう太夫考』平凡社選書、一九七八年

岩本裕『インドの説話』紀伊国屋書店、一九六三年
岩本裕『佛教説話の源流と展開　仏教説話研究第二巻』開明書院、一九七八年
岩本裕「敦煌における仏伝・本生譚」（金岡照光編『講座敦煌9　敦煌の文学文献』大東出版社）一九九〇年
上原和『玉虫厨子　飛鳥・白鳳美術様式史論』吉川弘文館、一九九一年
岡田希雄「源為憲伝攷」（『国語と国文学』第十九巻第一号）一九四二年
岡田真美子「Rāṣṭrapālaparipṛcchā 中の釈尊前世50話」（『〈我〉の思想・前田専学博士還暦記念論集』春秋社）一九九一年
岡田真美子「Mahajjātakamālā 第8章 Soma 本生——薬施捨身説話」（『印度學佛教學研究』第四〇巻第一号）一九九一年
岡田真美子「薬施捨身説話(1)——Soma 薬身本生——」（『神戸女子大学（文学部）紀要』二五巻）一九九二年
岡田真美子「薬施捨身説話(2)——Rohita（赤）魚本生と魚本生——」（『神戸女子大学経育学科研究会（教育諸学研究論文集）』第六巻）一九九二年
岡田真美子「薬施捨身説話(3)薬用人肉食の問題——Rāṣṭrapālaparipṛcchā 前生話第29の並行話——」（『印度學佛教學研究』第四二巻第一号）一九九三年
岡田真美子「血の布施物語(1)慈力王説話——Karmaśataka 48話の並行話——」（『印度學佛教學研究』第四三巻第一号）一九九四年
岡田真美子「血の布施物語(2) Sarva [-artha-] darśin 伝説——大寶積經（Rāṣṭrapālaparipṛcchā 前生

話24）の薬用血施説話を巡って――」（『神戸女子大学文学部紀要』第二八巻（第二分冊））一九九五年
岡田真美子「血の布施物語(3) Sādaprarudita（常啼）菩薩伝説――『般若經』の生んだ求法血施説話――」（『神戸女子大学教育学科研究会（教育諸学研究論文集）』第九巻）一九九五年
岡田真美子「捨身と生命倫理」（『印度學佛教學研究』第四八巻二号）二〇〇〇年
岡本天晴「六朝における捨身の一側面」（『印度學佛教學研究』第二三巻第二号）一九七四年
小川原正道『日本の戦争と宗教 1899-1945』講談社選書メチエ、二〇一四年
奥田勲『明恵 遍歴と夢』東京大学出版会、一九七八年
奥田勲・平野多恵・前川健一編『明恵上人夢記訳注』勉誠出版、二〇一五年
奥田弘「宮沢賢治の読んだ本――所蔵図書目録補訂――」（『銅鑼』四〇号）一九八二年（後に栗原敦編『日本文学研究資料新集二六 宮沢賢治・童話の宇宙』（有精堂出版、一九九〇年）に再録）。
梶山雄一「インド仏教思想史」（岩波講座 東洋思想 第八巻『インド仏教1』岩波書店）一九八八年
加藤純章「大智度論の世界」（『講座大乗仏教2 般若思想』春秋社）一九八三年
金岡照光『敦煌の絵物語』東方書店、一九八一年
金岡照光『中国の古典10 漢訳仏典』学習研究社、一九八三年
金岡照光編『講座 敦煌9 敦煌の文学文献』大東出版社、一九九〇年
金子民雄『宮沢賢治と西域幻想』中公文庫、一九九四年
河合隼雄『明恵 夢を生きる』講談社＋α文庫、一九九五年

川口久雄『西域の虎――平安朝比較文学論集――』吉川弘文館、一九七四年
金正凡「『釈迦の本地』――「釈迦八相図」との関連をめぐって」(『国文学 解釈と鑑賞』第六一巻五号)一九九六年
金正凡「「釈迦八相図」の解釈と中世仏伝」(『説話文學研究』第三二号)一九九七年
黒田彰「『三国伝記』――三人の語り手を想定した説話集――」(『国文学 解釈と鑑賞』第五八巻一二号)一九九三年
黒田彰『孝子伝の研究』思文閣出版、二〇〇一年
黒部通善『日本仏伝文学の研究』和泉書院、一九八九年
黒部通善「釈迦一代伝記鼓吹〈翻刻〉(巻一)付、近世仏伝文学臆説」(『愛知学院大学教養部紀要』第四〇巻第一号)一九九二年
黒部通善「釈迦の本縁――日本的な仏伝文学の成立」(『岩波講座 日本文学と仏教』第六巻、岩波書店)一九九四年
侯巧紅「シビ王の物語に登場するインドラ」(『桃山学院大学文学研究科国際文化論集』三三号)二〇〇五年
侯巧紅「『三國傳記』で語られるシビ王の話」(『桃山学院大学人間科学』三五号)二〇〇八年
小島孝之・小林真由美・小峯和明編『三宝絵を読む』吉川弘文館、二〇〇八年
小松茂美編『玄奘三蔵絵』上・中・下、続日本絵巻大成七・八・九、中央公論社、一九八一－八二年
小峯和明「金言類聚抄について――仏典類書の成立――」(『仏教文学』第六号)一九八二年

小峰和明「金言類聚抄考補訂」（『仏教文学』第九号）一九八五年
小峰和明『今昔物語の形成と構造』笠間書院、一九八五年
小峯和明「仏伝と絵解き」（林雅彦他編『絵解き――資料と研究――』三弥井書店）一九八九年
小峯和明「『中世仏伝集』解題」（国文学研究資料館編『中世仏伝集』〈真福寺善本叢刊5〉臨川書店）二〇〇〇年
五来重『増補版 高野聖』角川書店、一九七五年
三枝充悳『大智度論の物語』1・2、第三文明社、一九七三年
佐伯有清『高丘親王入唐記――廃太子と虎害伝説の真相』吉川弘文館、二〇〇二年
下西善三郎「ジャータカの形式と賢治童話――『よだかの星』にふれて――」（『上越教育大学国語研究』三一）二〇一七年
杉本卓洲「施身聞偈の菩薩」（『金沢大学文学部論集・行動科学科篇』第六号）一九八六年
杉本卓洲『菩薩 ジャータカからの探求』平楽寺書店、一九九三年
杉本卓洲『五戒の周辺――インド的生のダイナミズム――』平楽寺書店、一九九九年
高崎直道「大乗仏教の形成」（岩波講座 東洋思想 第八巻『インド仏教1』岩波書店）一九八八年
高田修「仏教説話図と敦煌の壁画――特に敦煌前期の本縁説話図――」（『中国石窟 敦煌莫高窟第二巻』（中国石窟・敦煌莫高窟編集委員会監修）平凡社）一九八一年
高田修『仏教の説話と美術』講談社学術文庫、二〇〇四年
高橋伸幸「『私聚百因縁集』の出典に関する報告」（『中世文学』第二六号）一九八一年
高橋伸幸「浄土系直談と説話――標題説話の背景（上）――」（『大谷学報』第七一号第三巻）一九

九二年
高橋伸幸「浄土系直談と説話――標題説話の背景（下）――」（『大谷学報』第七一号第四巻）一九九二年
竹内芳郎『意味への渇き――宗教表象の記号学的考察――』筑摩書房、一九八八年
田中徳定『孝思想の受容と古代中世文学』新典社、二〇〇七年
田中久夫『明恵』吉川弘文館、一九八八年
谷泰『神・人・家畜――牧畜文化と聖書世界――』平凡社、一九九七年
千葉一幹『宮沢賢治（ミネルヴァ日本評伝選）』ミネルヴァ書房、二〇一四年
塚田晃信「三宝絵の仏典受容」（『東洋大学短期大学紀要』第七号）一九七五年
塚田晃信「国文学のジャータカ（一）――三宝絵を中心として」（『東洋学研究』第九号）一九七五年
塚田晃信「落飾と受戒の間――三宝絵撰進の背景試論――」（『東洋大学短期大学紀要』第七号）一九七六年
築島裕編『東大寺諷誦文稿総索引』汲古書院、二〇〇一年
筑土鈴寛著作集第三巻『中世・宗教藝文の研究・一』せりか書房、一九七六年
手島崇裕「入宋僧による虚構の創作と三国世界観――文学表現中の天竺と五臺山から」（『東アジア海域史研究における史料の発掘と再解釈――古地図・偽使史料・文学表現――』平成十七－十九年度文部科学省科学研究費補助金基盤研究（B）研究成果報告書）二〇〇八年
手島崇裕『平安時代の対外関係と仏教』校倉書房、二〇一四年

徳田和夫「お伽草子の誕生――物語としての〈説話〉の視座から――」（『国文学 解釈と鑑賞』第六一巻五号）一九九六年
百橋明穂「敦煌壁画における本生図の展開」『美術史』一〇五号、一九七八年
百橋明穂『日本の美術 第二六七号 仏伝図』至文堂、一九八八年
百橋明穂『仏教美術史論』中央公論美術出版、二〇〇〇年
中田祝夫『東大寺諷誦文稿の国語学的研究』風間書房、一九六九年
長沢和俊訳注『法顕伝・宋雲行紀』平凡社東洋文庫、一九七一年
中野玄三「「玄奘三蔵絵」概説」（『玄奘三蔵絵（下）』（小松茂美編、続日本絵巻大成九、中央公論社）一九八二年。
中村元監修『ジャータカ全集』一－一〇。春秋社、一九八二－一九八八年
中村元監修『釈尊―その前生と生涯の美術』日本放送出版協会、一九九四年
中村史『三宝絵本生譚の原型と展開』汲古書院、二〇〇八年
奈良康明・石井公成編『新アジア仏教史5中央アジア 文明・文化の交差点』佼成出版社、二〇一〇年
西尾哲夫『ヴェニスの商人の異人論 人肉一ポンドと他者認識の民族学』みすず書房、二〇一三年
野村卓美『明恵上人の研究』和泉書院、二〇〇二年
秦野一宏「宮沢賢治における自己犠牲の問題：『グスコーブドリの伝記』をめぐって」（海保大研究報告・法文学系五七（二））二〇一二年。
花田富二夫「仮名草子の素材――釈迦八相物語を中心に――」（『講座日本の伝承文学 第三巻 散文

文学〈物語〉の世界』三弥井書店）一九九五年
原田信之「『今昔物語集』天竺部攷――前生譚・本生譚を中心として――」（『立命館文學』五〇五号、立命館大学人文学会）一九八八年
速水侑『観音・地蔵・不動』講談社現代新書、一九九六年
干潟龍祥『ジャータカ概観』鈴木学術財団、一九六一年
干潟龍祥『改訂増補・本生経類の思想史的研究（附篇本生経類照合全表共）』山喜房仏書林、一九七八年
干潟龍祥・高原信一訳『ジャータカ・マーラー』講談社、一九九〇年
肥田路美「中国仏教美術における受容と変容」（鎌田茂雄編『講座 仏教の受容と変容4 中国編』佼成出版社）一九九一年
平川彰『インド仏教史』上・下、春秋社、一九七四、一九七九年
平川彰『初期大乗仏教の研究Ⅰ』（平川彰著作集第三巻、春秋社）一九八九年
平川彰『原始仏教の教団組織Ⅰ・Ⅱ』（平川彰著作集第十一・十二巻、春秋社）二〇〇〇年
廣田哲通「直談の説話――『法華経直談鈔』を中心として――」（『国文学 解釈と鑑賞』第五八巻一二号）一九九三年
福田晃「真名本『曾我物語』の唱導的世界（下）」（福田晃・広田哲通編『唱導文学研究 第三集』三弥井書店）二〇〇一年
藤井正雄「臓器移植と日本人の遺骸観」（『印度學佛教學研究』第三九巻一号）一九九〇年
藤村安芸子『仏法僧とは何か――『三宝絵』の思想世界』講談社、二〇一一年

船山徹「捨身の思想——六朝仏教史の一断面——」(『東方學報』七四、京都大学人文科学研究所)二〇〇二年
堀尾青史編『宮澤賢治年譜』筑摩書房、一九九一年
本田義憲「釈尊伝」(『仏教文学講座第六巻 僧伝・寺社縁起・絵巻・絵伝』勉誠社)一九九五年
本田義憲『今昔物語集仏伝の研究』勉誠出版、二〇一六年
町田順文「シビジャータカについて」(『印度學佛教學研究』第二八巻二号)一九八〇年
水尾現誠「戒律の上から見た捨身」(『印度學佛教學研究』第十四巻二号)一九六六年
水谷真成訳注『大唐西域記』1・2・3、平凡社東洋文庫、一九九九年
見田宗介『宮沢賢治 存在の祭りの中へ』岩波同時代ライブラリー、一九九一年
宮治昭『インド美術史』吉川弘文館、二〇〇九年
宮治昭「西域の仏教美術——インド仏教美術の受容と変容」(鎌田茂雄編『講座 仏教の受容と変容 4 中国編』佼成出版社)一九九一年
森正人「大唐西域記と今昔物語集の間」(『国語と国文学』五二巻十二号)一九七五年
森正人「三宝絵の成立と法苑珠林」(『愛知県立大学文学部論集』第二六号)一九七六年
森正人『今昔物語集の生成』和泉書院、一九八六年
安井広済「入楞伽経における肉食の禁止——はしがき・梵文「食肉品」和訳・梵文訂正——」(『大谷學報』第四三巻第二号)一九六三年
山内洋一郎『金沢文庫本佛教説話集の研究』汲古書院、一九九七年
山折哲雄『日本仏教思想論序説』講談社学術文庫、一九八五年

山折哲雄「『捨身飼虎』の変容」（『日本人の宗教感覚』日本放送出版協会）一九九七年（初出は『日本研究』第十五集、国際日本文化研究センター、一九九六年）
山崎淳「『明恵上人行状』における引用説話について——明恵伝形成に関する一試論——」（『中世文学』四四）一九九九年
吉田靖雄『日本古代の菩薩と民衆』吉川弘文館、一九八八年
渡邉信和「私聚百因縁集」（本田義憲他編集『説話の講座　第五巻　説話集の世界Ⅱ——中世——』勉誠社）一九九三年

アルフレッド・フーシェ（Foucher, Alfred C.A.）『仏陀の前生』杉本卓洲監修、門脇輝夫訳、東方出版、一九九三年
アルマンド・R・ファヴァッツァ（Favazza, Armando R.）『自傷の文化精神医学 包囲された身体』松本俊彦監訳、金剛出版、二〇〇九年
カルロ・ギンズブルグ（Ginzburg, Carlo）『闇の歴史 サバトの解読』竹山博英訳、せりか書房、一九九二年
カール・A・メニンジャー（Menninger, Karl）『おのれに背くもの』（上・下）、草野栄三良訳、日本教文社、一九六三年
モーリス・パンゲ（Pinguet, Maurice）『自死の日本史』竹内信夫訳、筑摩書房、一九八六年
Filliozat, Jean,《La Mort Volontaire par le Feu et La Tradition Bouddhique Indienne》, *Journal*

Asiatique, Tome CCLI, Paris, 1963.

Karetzky, Patricia E., *Early Buddhist Narrative Art: Illustrations of the Life of the Buddha from Central Asia to China, Korea and Japan*, Lanham, Univ. Press of America, 2000.

Lamotte, Étienne, *Le Traité de la Grande Vertu de Sagesse*, Tome I, II, Louvain-La-Neuve, 1981; Tome III, Institute Orientaliste Louvain, 1970.

Lamotte, Etienne, 'Religious Suicide in Early Buddhism', *Buddhist Studies Review*, Vol. 4 No. 2, Sheffield, 1987.

Ohnuma, Reiko, *Bodily Self-Sacrifice in Indian Buddhist Literature*, Delhi, 2009.

Schlingloff, Dieter, *Studies in the Ajanta Paintings: Identifications and Interpretations*, Delhi, 1988.

あとがき

かつて二度めの修士論文のテーマを決めあぐねていたとき、ある文献でたまたまシビ王本生譚《たん》に出会いました（それまで知らなかったのです）。人獣が対話するどこか童話ふうな話にもかかわらず、夥《おびただ》しい流血と痛苦が描写されるこの本生譚に、感動と違和感とが相なかばする強い印象を受けたことがそもそものきっかけでした。ここには何かがある――それが何かはわからないけれど――という直観にとりあえず賭《か》けてみようという気持ちが湧きました。

第一章の原型となった修士論文を提出したのが一九九二年のことですから、本書の形を取るまで実に三〇年近い年月が経っています。当時は数年のうちに書き継いで博士論文に仕立てるつもりでしたが、そう簡単にことは運びませんでした。

当初は日本文学にあらわれた本生譚を調べることで日本文化の性質を照らし出すことができるのではないかというもくろみを立てていました。ただし考えてみれば本生譚が伝わった地域は言うまでもなく日本だけではありません。他の仏教文化圏におけるありかたと比較しなければ正しい認識はできないということはすぐにわかります。そして残念ながらそこまで完遂することは、筆者個人にできることをはるかに超えていました。本書に述べたのはその前段階、文字通りの管見に入った日本のいくつかの事例とその考察にすぎません。本書の内容が将来の考究のためのわずかな踏み台になれば幸甚に思います。

本書の各章の初出は次に示す通りです。

第一章

・「シビ王本生譚の分布と日本におけるその摂取」(『比較文學研究』第六三号、東大比較文學會)一九九三年
・「日本におけるシビ王本生譚」(『佛教文學』第二一号、佛教文學會)一九九七年
・「近松門左衛門「釈迦如来誕生会」におけるシビ王本生譚」(京都造形芸術大学紀要「GENESIS」第一七号)二〇一三年

第二章

・「血の色――日本における薩埵王子本生譚」(『比較文學研究』第八九号、東大比較文學會)二〇〇七年

第三章

・「明恵伝記資料における捨身と菩薩本生譚」（『佛教文學』第二三号、佛教文學會）一九九九年

第四章

・「宮沢賢治と菩薩本生譚（一）」（京都造形芸術大学紀要「GENESIS」第九号）二〇〇五年

・「宮沢賢治と菩薩本生譚（二）――「二十六夜」」（京都造形芸術大学紀要「GENESIS」第一〇号）二〇〇六年

・「宮沢賢治とジャータカ（講演）」（宮沢賢治学会・京都セミナー二〇一四《宮沢賢治――修羅の誕生》）二〇一四年四月二〇日

第五章

・「和辻哲郎における本生譚《ジャータカ》」（京都造形芸術大学紀要「GENESIS」第二〇号）二〇一六年

いずれも大幅な書き直しを施しています。また序章と終章は書きおろしです。

このテーマを本書の形にするまでには、多くの年月とともに、多くの方々からの教えと励ましを受けました。本来なら学恩をいただいた方のお名前をここにすべて挙げて感謝を申し上げるべきですが、それをするとあまりにたくさんの人数にのぼるため、たいへん失礼ながら控えさせていただくことをお許しください。早くにまとめたいと願いつつ、生来の惰弱と二兎《にと》も三兎も追いたがる性向のため碌々《ろくろく》と馬齢を重ねました。それを思うと本当に恥ずかしく、いっそのこと野に臥す虎に身を投げてしまいたい気持ちに駆られますが、もはや虎もあきれてそう簡単には食べてくれないかもしれません。

株式会社KADOKAWA文芸局編集部の伊集院元郁さんは長年筆者の抱えていたテーマに関心を寄せられ、的確な助言とともに緻密《ちみつ》な編集作業をしてくださいました。また引用資料の確認には（当時）同志社大学大学院の吉岡真由美さんの協力を得ました。心からの感謝を申し上げます。

二〇一九年九月

君野隆久

君野隆久（きみの・たかひさ）
1962年東京都生まれ。京都造形芸術大学芸術学部教授。早稲田大学第一文学部東洋哲学専修卒業。東京大学大学院総合文化研究科博士課程単位修得退学（比較文学比較文化専攻）。著書に『ことばで織られた都市 近代の詩と詩人たち』（三元社）、『アジアの比較文化 名著解題』（共著、科学書院）、『声の海図』（詩集、思潮社）など。訳書にルイーズ・リヴァシーズ『中国が海を支配したとき 鄭和とその時代』（新書館）がある。

角川選書 627

捨身《しやしん》の仏教《ぶつきよう》

日本《にほん》における菩薩本生譚《ぼさつほんじようたん》

令和元年10月25日　初版発行

著　者　君野隆久《きみのたかひさ》
発行者　郡司　聡
発　行　株式会社 KADOKAWA
東京都千代田区富士見 2-13-3　〒102-8177
電話 0570-002-301（ナビダイヤル）
装　丁　片岡忠彦　　帯デザイン　Zapp!
印刷所　横山印刷株式会社　　製本所　本間製本株式会社

ISBN978-4-04-703688-8 C0315

この書物を愛する人たちに

詩人科学者寺田寅彦は、銀座通りに林立する高層建築をたとえて「銀座アルプス」と呼んだ。
戦後日本の経済力は、どの都市にも「銀座アルプス」を造成した。
アルプスのなかに書店を求めて、立ち寄ると、高山植物が美しく花ひらくように、
書物が飾られている。

印刷技術の発達もあって、書物は美しく化粧され、通りすがりの人々の眼をひきつけている。
しかし、流行を追っての刊行物は、どれも類型的で、個性がない。
歴史という時間の厚みのなかで、流動する時代のすがたや、不易な生命をみつめてきた先輩たちの発言がある。
また静かに明日を語ろうとする現代人の科白がある。これらも、
銀座アルプスのお花畑のなかでは、雑草のようにまぎれ、人知れず開花するしかないのだろうか。
マス・セールの呼び声で、多量に売り出される書物群のなかにあって、
選ばれた時代の英知の書は、ささやかな「座」を占めることは不可能なのだろうか。
マス・セールの時勢に逆行する少数な刊行物であっても、この書物は耳を傾ける人々には、
飽くことなく語りつづけてくれるだろう。私はそういう書物をつぎつぎと発刊したい。
真に書物を愛する読者や、書店の人々の手で、こうした書物はどのように成育し、開花することだろうか。
私のひそかな祈りである。「一粒の麦もし死なずば」という言葉のように、
こうした書物を、銀座アルプスのお花畑のなかで、一雑草であらしめたくない。

一九六八年九月一日

角川源義